Fred CELIMENE
Christophe PROVIDENCE

Dinâmica da digitalização e da inclusão

Fred CELIMENE
Christophe PROVIDENCE

Dinâmica da digitalização e da inclusão

Perspectivas económicas, educativas e sociais para o Haiti

ScienciaScripts

Imprint
Any brand names and product names mentioned in this book are subject to trademark, brand or patent protection and are trademarks or registered trademarks of their respective holders. The use of brand names, product names, common names, trade names, product descriptions etc. even without a particular marking in this work is in no way to be construed to mean that such names may be regarded as unrestricted in respect of trademark and brand protection legislation and could thus be used by anyone.

Cover image: www.ingimage.com

This book is a translation from the original published under ISBN 978-620-6-72967-9.

Publisher:
Sciencia Scripts
is a trademark of
Dodo Books Indian Ocean Ltd. and OmniScriptum S.R.L publishing group

120 High Road, East Finchley, London, N2 9ED, United Kingdom
Str. Armeneasca 28/1, office 1, Chisinau MD-2012, Republic of Moldova, Europe
Managing Directors: Ieva Konstantinova, Victoria Ursu
info@omniscriptum.com

Printed at: see last page
ISBN: 978-620-3-28275-7

Conteúdo

Imprensa do Instituto Universitário de Ciências (P-IUS)

Criada no âmbito da modernização do ensino superior e da investigação científica no Haiti, a Presses de l'Institut Universitaire des Sciences (P-IUS) tem como objetivo promover a produção e a difusão do conhecimento espírito de excelência académica. Baseado nos domínios estratégicos de investigação definidos pelo Centre de Recherche Scientifique (CRS) para o período 2024-2029, o P-IUS é um espaço dedicado à promoção do trabalho científico e educativo.

O conselho de redação da P-IUS, composto especialistas de várias disciplinas, garante a qualidade e a pertinência das publicações. Os seus membros incluem :

- Dr. Jude-Mary St-Martin, Diretor das Presses de l'IUS e Chefe do Eixo 1 da investigação CRS-IUS no Haiti;
- Dr. Philippe Simon, investigador do CRS-IUS no Haiti e diretor-adjunto da IUS Press;
- Dra. Kiria DESPINOS, investigadora e chefe do Eixo 2 do programa de investigação CRS-IUS Haiti;
- Dr. Nelson SYLVESTRE, Professor Universitário e Diretor do Eixo 3 de Investigação no CRS-IUS Haiti;
- Dr. Fred CELIMENE, Professor Universitário e Diretor do Eixo 4 de Investigação no CRS-IUS Haiti;
- Dr. Louis-Auguste JOINT, Professor Universitário e Investigador Associado no CRS-IUS Haiti;
- Dr. Cuauhtemoc OCHOA TINOCO, Investigador Associado do CRS-IUS Haiti;
- Dr. Michel DISPAGNE, Professor Universitário e Investigador Associado do CRS-IUS no Haiti;
- Dr. Christophe PROVIDENCE, Professor Sénior e Investigador no CRS-IUS no Haiti;
- +33 estudantes de doutoramento em 2023-2024, assistentes de investigação no CRS-IUS no Haiti.

Através de uma abordagem interdisciplinar e de um compromisso com os padrões académicos internacionais, a P-IUS está empenhada em contribuir para o desenvolvimento do conhecimento no Haiti e na região. Para mais informações ou para apresentar uma proposta, contacte-nos:

Contacto: contact@ius.education | Sítio Web: www.ius.education

Telefone: +509 44 64 28 28 / +596 696 91 24 81

Endereço: Delmas 29, Entrée Star 2000, 6110 Port-au-Prince, Haiti

Um espaço dedicado à investigação, à reflexão e à divulgação de conhecimentos.

Declaração do problema

A tecnologia digital tornou-se um importante vetor de transformação económica, social e cultural à escala mundial. Num contexto global de digitalização crescente, o Haiti encontra-se numa encruzilhada em que os avanços tecnológicos oferecem imensas oportunidades, mas também colocam desafios consideráveis. As tecnologias da informação e da comunicação (TIC) estão a penetrar gradualmente nos vários sectores do país, transformando a forma como os cidadãos interagem com os serviços bancários, de educação, de saúde e outras infra-estruturas essenciais. No entanto, esta transição está a ocorrer num quadro marcado por desigualdades estruturais, uma infraestrutura frágil e uma falta de coordenação institucional, o que amplia os riscos de exclusão para populações já vulneráveis.

Neste contexto, esta obra colectiva pretende explorar a dinâmica da digitalização no Haiti através de uma análise interdisciplinar que engloba a economia, a educação e a saúde. Reúne contribuições de investigadores e peritos locais que examinam o impacto da digitalização e das TIC em áreas estratégicas do desenvolvimento nacional. O seu objetivo é duplo: avaliar o potencial da tecnologia digital para melhorar a inclusão social e sugerir formas de ultrapassar os obstáculos existentes.

Contexto e questões

O Haiti enfrenta múltiplos desafios, incluindo uma economia estagnada, profundas desigualdades sociais e um acesso limitado a infra-estruturas modernas. Estes problemas estruturais estão a travar a capacidade do país para explorar todo o potencial das TIC. Por exemplo, embora a banca digital possa revolucionar as operações das pequenas e médias empresas (PME), persistem deficiências na qualidade serviços bancários. Do mesmo modo, o dinheiro móvel - uma solução promissora para assegurar o acesso das populações não bancarizadas - sofre de uma adoção desigual devido a tensões institucionais e à falta de educação digital.

No sector dos cuidados de saúde, os sistemas de informação médica oferecem perspectivas importantes para melhorar a gestão dos dados e a eficácia dos cuidados. No entanto, a sua aplicação continua fragmentada, com grandes desafios ligados à interoperabilidade, aos recursos técnicos e à formação dos utilizadores. Ao mesmo tempo, no ensino superior, a clivagem digital está a acentuar as desigualdades, o desempenho académico e a capacidade das instituições para satisfazerem as necessidades dos estudantes e dos professores.

Objectivos do projeto

Este livro examina a dinâmica da digitalização no Haiti através de uma abordagem estruturada em duas partes principais. A primeira parte centra-se nos aspectos económicos e sociais da digitalização, explorando os efeitos da banca digital, do dinheiro móvel e dos sistemas de informação sobre saúde. A segunda parte examina o impacto das TIC no ensino superior, centrando-se no fosso digital, nas percepções dos professores e nas estratégias para uma transformação digital sustentável na educação.

Estrutura do trabalho

Cada capítulo é uma contribuição única para o debate sobre a digitalização e a inclusão no Haiti:

1. Qualidade dos serviços bancários e desempenho PME (análise do efeito da banca digital nas PME de Jacmel) ;
2. Dinheiro móvel e inclusão financeira (estudo das tensões institucionais e das oportunidades de redução das desigualdades) ;
3. Health information systems at the crossroads: exploring the technical, social and organisational challenges facing healthcare systems);
4. Fosso digital e desempenho académico (impacto das desigualdades digitais no sucesso dos estudantes no ensino superior) ;
5. Percepções e práticas dos professores (o estado atual das TIC no ensino universitário e propostas para uma integração eficaz).

Uma abordagem interdisciplinar

O objetivo deste livro é oferecer uma reflexão global e contextualizada sobre a digitalização no Haiti. Partindo de perspectivas económicas, sociais, educativas e tecnológicas, pretende propor soluções concretas para enfrentar os desafios e maximizar as oportunidades apresentadas pela tecnologia digital. Destina-se a investigadores, decisores políticos, professores, estudantes e profissionais interessados nos desafios da transição digital num país em desenvolvimento.

Ao explorar as muitas facetas da digitalização, este livro espera inspirar acções estratégicas para uma transformação inclusiva e sustentável no Haiti.

Digitalização e inclusão nos sectores social e económico

Contexto da Parte I

Digitalização e inclusão nos sectores social e económico

A digitalização é um motor essencial da transformação económica e social nos países em desenvolvimento. No Haiti, onde as infra-estruturas tradicionais têm dificuldade em satisfazer as necessidades da população, as tecnologias digitais estão a abrir novas perspectivas para melhorar o acesso aos serviços básicos, estimular a economia e reduzir as desigualdades. No entanto, a sua aplicação continua a enfrentar desafios estruturais, institucionais e sociais. Esta primeira parte analisa a dinâmica da digitalização em sectores estratégicos como as finanças e a saúde, destacando as oportunidades e os obstáculos à sua integração efectiva.

Contexto e relevância

Num país onde uma grande parte da população ainda está excluída dos sistemas financeiros tradicionais e tem de se debater com serviços de saúde limitados, as tecnologias digitais estão a emergir como ferramentas poderosas para colmatar estas lacunas. A banca digital, por exemplo, tem o potencial de transformar a relação entre os bancos e as pequenas e médias empresas (PME), facilitando o acesso ao crédito, melhorando a gestão financeira e aumentando a produtividade. Ao mesmo tempo, o aumento do dinheiro móvel oferece uma solução inovadora para incluir as populações não bancarizadas, satisfazendo simultaneamente a necessidade de transacções rápidas e seguras.

No sector da saúde, os sistemas de informação digital permitem uma melhor gestão dos dados médicos e uma melhor qualidade dos cuidados. No entanto, a sua aplicação no Haiti é dificultada por problemas de interoperabilidade, infra-estruturas inadequadas e formação dos profissionais de saúde, que limitam o seu impacto.

Objectivos do jogo

Esta primeira parte tem por objetivo analisar o impacto da digitalização nos principais sectores económicos e sociais do Haiti, avaliando simultaneamente as condições necessárias para maximizar os seus benefícios. Os capítulos desta parte exploram os seguintes temas:

1. O efeito da banca digital no desempenho das PME, particularmente no contexto da cidade de Jacmel, onde as PME são uma alavanca importante para o desenvolvimento local.

2. Um estudo sobre o dinheiro móvel como ferramenta de inclusão financeira, destacando os desafios associados à coordenação institucional e à educação digital.

3. A avaliação dos sistemas de informação sanitária no Carrefour, um estudo de caso que esclarece os constrangimentos e as oportunidades da adoção de tecnologias num ambiente de recursos limitados.

Abordagem e articulação

Os capítulos desta parte adoptam uma abordagem interdisciplinar, combinando análises económicas, sociais e técnicas. Utilizam uma variedade de métodos, desde inquéritos de campo a estudos de caso, para fornecer uma visão abrangente e contextualizada das questões que envolvem a digitalização no Haiti. Ao explorar estes temas, esta secção pretende fornecer pistas concretas para ultrapassar os obstáculos e promover a adoção efectiva das TIC, tendo em conta as realidades locais.

As contribuições nesta secção ilustram que, embora a digitalização apresente oportunidades significativas para a inclusão social e económica no Haiti, o seu sucesso depende de uma ação concertada entre os intervenientes públicos, privados e comunitários. As conclusões e recomendações apresentadas nestes capítulos têm como objetivo inspirar estratégias adequadas para o desenvolvimento sustentável com base no potencial das tecnologias digitais.

Qualidade dos serviços bancários no Haiti: O impacto da digitalização no desempenho das PME em Jacmel

Sr. Bertrand DESTINE

Assistente de investigação, CRS-IUS Haiti.

Dr. Philippe SIMON

Investigador do CRS-IUS no Haiti.

Introdução

A qualidade dos serviços bancários é geralmente definida como a diferença entre as expectativas dos clientes e as suas percepções dos serviços oferecidos pelos bancos (Hafiane & Jed, 2021; Tsapi, 2020; Bahia & Nante, 2000). Este conceito remete para a noção de satisfação, uma vez que é entendido do ponto de vista da avaliação global que os clientes fazem dos serviços após a sua utilização (Lakhrif et al., 2016; Boyer & Nefzi, 2009; Zeithaml, 1988). Em geral, os serviços oferecidos pelos bancos são muitos e variados; incluem depósitos, pagamentos, crédito, transferências, serviços em linha, etc.

No Haiti, existe uma insatisfação considerável com a qualidade dos serviços oferecidos pelos bancos (Banco Mundial, 2019). Isto é particularmente sentido pelas pequenas e médias empresas (PME), que dependem fortemente dos serviços bancários para operar (Paul, Juma'h & Dorante, 2018). Esta insatisfação decorre não só elevado custo e da escassez de crédito, mas também de uma série de disfunções, ligadas sobretudo aos sistemas de pagamento (falta de liquidez recorrente, aumento dos tempos de compensação de cheques, avarias na rede, etc.), que dificultam o funcionamento destas empresas. Este facto, por sua vez, tem um impacto no seu desempenho, que aqui é visto na sua dimensão comercial e medido em termos de vendas e de qualidade-custo-tempo de entrega dos bens ou serviços.

Na literatura, a relação entre a qualidade dos serviços bancários e o desempenho das PME não foi estudada diretamente. A grande maioria dos trabalhos sobre este tema centra-se sobretudo no financiamento bancário. Por conseguinte, as opiniões . Para alguns, o financiamento bancário aumenta o desempenho das PME (Kone & Thera, 2022; Etogo-Nyaga, 2020), enquanto para outros, o crédito bancário diminui o desempenho destas empresas (Akitan, 2015; Tioumagneng, 2011). Tanto quanto é do nosso conhecimento, nenhum estudo analisou o impacto do mau funcionamento dos bancos no desempenho das PME. Da mesma forma, trabalho de investigação procurou compreender o efeito da digitalização bancária no desempenho das PME, com exceção do BID (2011) para a Costa Rica, que revela que a utilização da banca pela Internet não aumenta o desempenho das micro e pequenas empresas (MPE). No entanto, a banca digital é uma técnica essencial que assenta na utilização das novas tecnologias digitais (redes sociais, tecnologias móveis e ferramentas integradas de tratamento de dados) para melhorar a experiência do cliente e, consequentemente, o desempenho das empresas clientes (Elouahabi & Dakkor, 2022; Driss, 2017).

Estamos, portanto, interessados em compreender o fenómeno a nível local. Procuramos determinar o impacto da banca digital no desempenho das empresas, num contexto marcado por disfunções ao nível dos bancos no Haiti. A nossa questão de investigação é a seguinte: que efeito pode ter a banca digital no desempenho das PME de Jacmel? Para responder a esta questão, formulamos as seguintes hipóteses:

- H1: A banca digital está um efeito positivo no volume de negócios das PME em Jacmel.
- H2: A banca digital está um efeito positivo na qualidade-custo-tempo de entrega de bens e serviços para as PME em Jacmel.

O objetivo geral deste estudo é mostrar a correlação entre a qualidade dos serviços bancários e o desempenho das PMEs em Jacmel. Mais especificamente, pretende-se analisar o efeito da banca digital no desempenho destas empresas. Com este trabalho, esperamos chamar a atenção dos responsáveis do sistema bancário para a necessidade de prestar serviços de qualidade às PME, explorando as novas tecnologias, de modo a contribuir para o seu desenvolvimento e desempenho no mercado. Afinal de contas, o desempenho e o desenvolvimento das empresas são largamente influenciados pela participação ativa dos bancos.

A abordagem metodológica adoptada baseia-se no princípio de que os serviços oferecidos pelos bancos às PME não se limitam apenas ao crédito (IFC-Banco Mundial, 2010). Incorpora outras variáveis susceptíveis de explicar o desempenho destas empresas, tais como os serviços de pagamento e os serviços digitais. Neste sentido, realizámos um inquérito a uma amostra de 118 PME de Jacmel, não só para conhecer a sua perceção dos serviços recebidos dos bancos, mas também para avaliar o impacto da qualidade desses serviços no seu desempenho. Utilizando métodos econométricos e estatísticos adequados, processámos e analisámos os dados recolhidos. Os resultados obtidos, com algumas excepções, confirmam as hipóteses formuladas.

O presente documento de investigação está dividido em seis secções. A primeira procura destacar, através de uma breve revisão da literatura, a ligação entre a qualidade dos serviços bancários, a digitalização e o desempenho das PME. A segunda trata da qualidade dos serviços bancários no Haiti. A terceira examina a relação banco-PME em Jacmel, enquanto a quarta apresenta os dados e os métodos utilizados. Por fim, a quinta e a sexta secções analisam o efeito da digitalização bancária no desempenho das PME em Jacmel.

I. Relação entre a qualidade dos serviços bancários, a digitalização e o desempenho das PME

A literatura económica e de gestão está repleta de textos que abordam separadamente a qualidade dos serviços bancários, a digitalização da atividade bancária e o desempenho das PME. No entanto, nenhum deles tentou efetivamente estabelecer uma ligação entre estas diferentes variáveis. Em geral, os autores estabelecem uma relação entre o financiamento bancário, que é apenas um aspecto dos serviços bancários, e o desempenho das PME, o que leva a conclusões divergentes. Para alguns, a relação entre as duas variáveis é positiva. É o caso, por exemplo, de Kone & Thera (2022) que, com base num estudo realizado junto de 30 PME do sector da construção e das obras públicas em Bamako (Mali), demonstram que o financiamento bancário tem uma influência positiva no desempenho financeiro destas empresas, desde que a taxa de juro seja mais baixa. Concluem que quanto mais as empresas se endividam, mais eficientes e rentáveis são.

Muito antes deles, Etogo-Nyaga (2020) obteve um resultado quase semelhante nos Camarões. Utilizando a análise estatística e o regressão múltipla, os resultados do seu trabalho mostram que o acesso ao financiamento bancário por parte de uma PME aumenta a sua probabilidade de melhorar o seu desempenho. De facto, esta probabilidade aumenta de cerca de 5,6/10 quando a PME não tem acesso a financiamento para quase 7/10 quando tem acesso. No entanto, a sua análise econométrica relativiza o impacto do acesso ao financiamento no desempenho das PME. O acesso ao financiamento tem, de facto, um efeito positivo mas insignificante no indicador de desempenho. A qualidade e a natureza dos empréstimos concedidos, que são sempre de curto prazo e de montante limitado, ajudam a explicar este resultado.

Para outros autores, pelo contrário, a relação entre as duas variáveis é negativa. Akitan (2015), por exemplo, insere-se nesta tendência. Efectuando uma análise comparativa entre os Camarões e o Senegal, o seu estudo destaca o impacto do crédito bancário no volume de negócios, um indicador do desempenho das empresas. Uma vez estimada a equação de desempenho, os resultados revelam uma relação negativa entre o financiamento bancário e o desempenho das empresas nestes países.

A conclusão deste estudo não é nova. Segue-se à de Tioumagneng (2011), que procurou analisar a relação entre a maturidade dos empréstimos bancários e o desempenho das empresas, utilizando os Camarões como estudo de caso. Os resultados mostram que a dívida bancária de longo prazo, contra todas as expectativas, é prejudicial para o desempenho das empresas. O comportamento transacional dos bancos na área experimental em análise é a causa.

Dito isto, para além do financiamento bancário, não existem outros estudos que tenham procurado incorporar ou utilizar outros aspectos dos serviços bancários para explicar o desempenho das PME. O único estudo que tenta relacionar a qualidade dos serviços bancários e o desempenho das PME, fora do financiamento bancário, é o do BID (2011), que estabelece uma ligação entre a utilização da banca pela Internet e o desempenho das PME na Costa Rica. Utilizando um método experimental com participantes sistematicamente aleatórios, este estudo procura determinar se a utilização de serviços online por PME clientes do Banco Nacional de Desenvolvimento tem impacto no seu desempenho. Como o desempenho é um conceito complexo, polissémico e multidimensional (Issor, 2017; Sangue-Foto & Wamba, 2017), é aqui medido em termos de produtividade, aumento das vendas e redução dos custos empresariais. Os resultados mostram que a utilização e o acesso à Internet são limitados nas PME, e em nenhum caso conduzem a um aumento das vendas, da produtividade ou a uma redução dos custos. É de salientar, no entanto, que o estudo apenas tem em conta um aspeto da digitalização. Não inclui outros elementos, como a utilização de cartões bancários, por exemplo, que estamos a considerar no caso do Haiti.

II. Qualidade dos serviços bancários no Haiti

No Haiti, a qualidade dos serviços oferecidos pelos bancos é sinónimo de insatisfação para muitas PME clientes. Isto significa que as suas expectativas não estão a ser satisfeitas em termos da perceção que têm destes serviços. Estas percepções são negativas em muitos aspectos, como revelam as reacções destas empresas (Paul, Juma'h & Dorante, 2018). Uma das razões para esta insatisfação é a qualidade do crédito. O crédito oferecido pelos bancos às PME é caro, escasso e concentrado. Vários estudos demonstram este facto. Doura (2012), por exemplo, fornece informações detalhadas sobre as caraterísticas do crédito. Mas um dos estudos que destaca a questão da concentração do crédito bancário no Haiti é o de Ambroise (2019). Analisando os ciclos de crédito e a atividade económica entre 1980 e 2016, a autora mostra que as instituições bancárias financiam largamente sectores de menor risco, como o comércio, em detrimento de outros sectores de maior valor acrescentado, como a agricultura. Esta situação, associada à instabilidade política e às catástrofes naturais, entre outros factores, teve um impacto negativo na atividade económica. A concentração do crédito não é apenas setorial, mas também geográfica, com as cidades de província mais desfavorecidas do que a capital (Cadet, Providence, & Antenord, 2018).

Além disso, não é apenas a qualidade do crédito que está na origem da insatisfação das PME. As disfunções que os bancos têm vindo a registar desde há algum tempo são um fator importante. Estes problemas afectam os sistemas de pagamento dos bancos, que são essenciais para as empresas. De facto, nenhuma empresa, nas suas relações com o banco, pode funcionar sem pagamentos do banco. No entanto, os disfuncionamentos observados caracterizam-se sobretudo pela falta de liquidez, pelo aumento dos prazos de compensação dos cheques e pelo prolongamento dos prazos de disponibilização das transferências, nomeadamente nas instalações dos bancos.

Em primeiro lugar, importa salientar que a falta de liquidez se reflecte na inconversibilidade dos depósitos e da moeda. Desde há algum tempo, os bancos impõem limites aos levantamentos de dinheiro, quer em gourdes quer em dólares americanos. Estes limites não são comunicados nem formalmente explicados, e variam de dia para dia e de cliente para cliente. É verdade que as empresas dispõem de outros meios para efetuar transacções, como as transferências bancárias ou os cheques. No entanto, devido aos seus métodos de gestão geralmente e à sua relação com certos preñantes, como os grossistas, são por vezes obrigadas a utilizar o numerário, que lhes parece mais cómodo para certas transacções. Consequentemente, quando não podem obter dinheiro imediatamente, recorrem a outras soluções que podem ser dispendiosas em termos de tempo e de dinheiro, o que acaba por afetar a qualidade dos seus produtos. É por isso que, para se adaptarem à situação e contornarem as anomalias bancárias, algumas empresas estão a inventar outras formas de funcionamento (como, por exemplo, conservar o máximo de dinheiro possível), o que se pode revelar arriscado.

A moeda nacional encontra-se numa posição difícil no mercado cambial. A tendência é para a sua desvalorização em relação ao dólar americano, que também circula na economia. Este fenómeno de dupla circulação monetária, que constitui uma dor de cabeça para as autoridades monetárias, afecta a qualidade dos serviços oferecidos pelos bancos. As PME têm dificuldade em trocar dinheiro no mercado bancário. Para além dos limites à compra e venda de dólares, as taxas praticadas pelos bancos são-lhes desfavoráveis. Assim, para contornar as dificuldades do mercado bancário, algumas PME estão a recorrer ao mercado informal para satisfazer as suas necessidades, o que alimenta a pressão e a especulação sobre o dólar e, consequentemente, a sua escassez. Este facto complica inevitavelmente as suas operações, com todas as consequências que daí advêm.

Acresce o aumento dos prazos de compensação dos cheques e de disponibilização das transferências, o que, na prática, significa que os montantes correspondentes às ordens de pagamento demoram mais tempo do que o habitual a estar disponíveis nas contas. Estes problemas devem-se tanto a factores técnicos (ligados ao próprio sistema bancário) como a factores económicos (ligados ao clima insegurança no país). As notas oficiais publicadas sobre este assunto não deixam dúvidas. Consequentemente, as empresas estão a sofrer grandes atrasos na das suas operações. Podem demorar vários dias a receber os pagamentos dos seus clientes ou a efetuar os pagamentos aos seus fornecedores.

Alguns fornecedores podem mesmo recusar-se a aceitar cheques passados à sua ordem para pagamento de encomendas ou facturas, pois terão dificuldade em obter os fundos nos prazos desejados. Este facto cria problemas às empresas. É por isso que muitas delas adquiriram o hábito de utilizar serviços em linha. Parece que estes serviços são menos afectados pelos problemas de pagamento dos bancos. Mas, apesar disso, muitos não os utilizam em Jacmel.

III. Jacmel, sector bancário e PME

Jacmel é uma cidade de quase 40.000 habitantes, situada no departamento sudeste do Haiti. É conhecida mundialmente como uma cidade cultural e turística. Em 2014, foi designada Cidade Criativa pela UNESCO, um testemunho da sua excelência nos domínios criativos. No entanto, Jacmel é também uma cidade comercial. Deve este carácter à sua história, uma vez que, no passado, foi o centro do país. De acordo com o último recenseamento efectuado pelo Ministério do Comércio e da Indústria em 2014, havia 1082 empresas na cidade, muito mais do que na maioria das outras cidades da província.

Este número tende a mudar, mas devido à crise persistente ao longo dos anos (com a criação de algumas empresas e o encerramento de outras), a diferença não deverá ser substancial dez anos mais tarde. Convém sublinhar que todas estas empresas são micro e pequenas empresas, se é que são classificadas. No entanto, para efeitos do presente estudo, consideramos que as MPE são parte integrante das PME (OIT, 2015; IFC-Banco Mundial, 2010; OCDE, 2004).

A história da atividade bancária em Jacmel é recente. Até ao final dos anos 80, existia apenas uma agência do Banque Nationale de Crédit (BNC) na cidade. O seu papel era limitado em relação às atribuições legais deste banco público e consistia apenas em receber os depósitos dos clientes, efetuar pagamentos e, em certa medida, conceder empréstimos. De facto, só no início dos anos 90 é que os bancos comerciais privados começaram a penetrar na cidade.

Dos oito bancos que operam no mercado em 2024, quatro têm uma sucursal em Jacmel, e trata-se dos quatro primeiros do sistema bancário: Unibank, Sogebank, BNC e Capital Bank. Em termos de distribuição espacial, as agências estão todas situadas na parte inferior do centro da cidade. Servem todo um departamento com 10 municípios e 2 658 empresas (MCI, 2014). No entanto, muito poucas empresas têm acesso aos seus diferentes serviços.

Os bancos oferecem uma vasta gama de serviços às PME em Jacmel. Estes são quase idênticos aos oferecidos na América Latina e mencionados nos inquéritos do IFC-Banco Mundial (2010). Incluem diferentes tipos de contas, cartões de crédito, serviços online, empréstimos, seguros e muito mais. Para aceder a estes serviços, as PME devem cumprir os requisitos e procedimentos estabelecidos pelos bancos.

Em geral, estes procedimentos variam pouco de um banco para outro, uma vez que os bancos são obrigados a respeitar as normas de conformidade estabelecidas pelas autoridades reguladoras (nomeadamente o Banco Central) ou pelas redes e associações a que . No entanto, em alguns casos, nomeadamente quando as empresas - por razões formais ou outras - não dispõem de uma conta bancária, os proprietários-gestores utilizam as suas próprias contas para beneficiar dos serviços bancários. Isto deve-se ao facto de as PME, especialmente as microempresas, serem frequentemente personalizadas e intimamente identificadas com os seus proprietários-gestores (Barbot-Grizzo, 2012). No entanto, os proprietários-gestores estão bem cientes de que as suas empresas não poderão beneficiar de certos serviços desta forma.

No entanto, a perceção dos clientes das PME de Jacmel em relação à qualidade dos serviços bancários parece bastante negativa. Estas empresas são confrontadas não só com a disponibilidade limitada de crédito, mas também com o mau funcionamento dos sistemas de pagamento. É igualmente de salientar que existem outros problemas que acompanham estas anomalias, tais como a falta de comunicação dos bancos, a sua falta de transparência e a forma como os clientes são recebidos e tratados. Todos estes factores influenciam a perceção dos clientes, que desaprovam a qualidade serviços oferecidos pelos bancos. Esta é, sem dúvida, uma das razões um número significativo de PME está também a recorrer às cooperativas de poupança e crédito (CEC), que se posicionam como fornecedores de serviços financeiros alternativos, embora também tenham as suas próprias limitações. Os dados mostram que este sector está em plena expansão no departamento de Sud-Est. Jacmel, por seu lado, tem duas CEC entre as vinte maiores do país, das setenta e oito que compõem o panorama do microfinanciamento mútuo haitiano (BRH, 2018). Por conseguinte, as empresas tentam sobreviver por todos os meios, porque, para além do problema do crédito, o mau funcionamento dos bancos não é isento de consequências para o seu desempenho.

IV. Dados e métodos

Os dados recolhidos para este estudo provêm um questionário aplicado a 118 PME da cidade. Este questionário está estruturado em três partes e inclui quarenta e cinco perguntas relacionadas com as informações gerais das empresas inquiridas, os serviços que recebem dos bancos e o impacto da qualidade destes serviços no seu desempenho. As variáveis a medir são, portanto, o desempenho das PME, que constitui a variável explicada, e os serviços bancários, que constituem as variáveis explicativas.

O desempenho refere-se ao volume de negócios e ao tempo de entrega qualidade-custo (QCD) dos bens ou serviços fornecidos pelas PME. Os serviços bancários incluem financiamento, serviços de pagamento e serviços digitais oferecidos pelos bancos. Estes serviços são medidos utilizando os indicadores apresentados no quadro abaixo. Note-se também que o inquérito incide sobre o período de 2018 a 2023.

Tableau 1.   Serviços e indicadores bancários

Serviços bancários	Indicadores
Financiamento	Taxa de empréstimo
	Montante do empréstimo
	Prazo do empréstimo
Serviços de pagamento	Desconto de cheques
	Transferência interbancária
Serviços digitais	Serviço em linha
	Cartão de crédito

Fontes: Cálculos dos autores com base em dados de 2023

1. Amostragem

Não existem dados actualizados sobre o número de PMEs em Jacmel. Os que estão disponíveis provêm do recenseamento do ICM efectuado em 2014. De acordo com este censo, o número de PMEs a operar em Jacmel é de 1.082. Foi nesta base que a amostra de 118 PME foi selecionada, representando 10,91% do total. É de salientar que se trata apenas de PME formais.

A amostra foi selecionada através de dois métodos habitualmente utilizados: o método aleatório simples e o método da escolha fundamentada. O método aleatório simples, por definição, é uma técnica em que cada elemento da população tem a mesma probabilidade de ser selecionado. Trata-se de um método de amostragem probabilística baseado no princípio da aleatorização ou da seleção aleatória. O método intencional, por outro lado, consiste em recolher dados sem recorrer a uma lista pré-estabelecida de indivíduos da população a estudar. Trata-se de um método não probabilístico que se baseia nos conhecimentos e na apreciação do entrevistador. No primeiro caso, foi elaborada uma lista de PME conhecidas na cidade pela sua dimensão, actividades e peso social. As empresas inquiridas foram selecionadas a partir desta lista. No segundo caso, as PME foram selecionadas no terreno com base apenas no facto de serem legalmente reconhecidas. No entanto, convém salientar que foram aplicadas certas técnicas para maximizar a probabilidade de selecionar as PME formais, ou seja, as susceptíveis de terem relações com os bancos. Estas técnicas baseiam-se na observação e na aparência.

Foram utilizadas outras técnicas de seleção. Estas consistiram em selecionar PME em todos os grandes sectores de atividade e em todas as zonas da cidade. Naturalmente, as pequenas empresas situadas nas zonas comunais foram deliberadamente negligenciadas, uma vez que, na grande maioria dos casos, se trata de pequenas unidades agrícolas informais. No Haiti, qualquer unidade que não esteja registada na DGI, ou seja, que não possua uma licença, é considerada informal. A patente tem uma dupla função: um lado, estabelece o reconhecimento legal das actividades e, por outro, serve de instrumento fiscal e de cobrança, uma vez que define a unidade económica como contribuinte (Lamauthe-Brisson, 2002).

No entanto, a patente não é suficiente para abrir contas bancárias; é igualmente necessário o reconhecimento pelo Ministério do Comércio e da Indústria. Por outras palavras, as pequenas unidades agrícolas das zonas comunais não podem ter relações com os bancos e, por conseguinte, não são elegíveis para a seleção. Por outro lado, as PME selecionadas são de dimensão mista. Os principais sectores em que operam são: construção, ferragens, mobiliário, hotelaria, bares e restaurantes, produtos farmacêuticos, cosméticos, peças sobresselentes para automóveis e motociclos, alimentação e bebidas, centros comerciais, mercados, etc.

2. *O processo de recolha de dados*

Para recolher os dados, foi adoptada uma abordagem em duas fases. Em primeiro lugar, foi recrutado um inquiridor para participar nas operações. O seu papel consistia em ajudar a organizar o processo de recolha de dados e a recolher os dados. Para o efeito, teve primeiro de organizar os questionários e depois preparar a sua deslocação ao terreno. O entrevistador, que já tinha participado em inquéritos anteriores e possuía uma certa capacidade de persuasão, recebeu formação sobre a administração inquérito e o conteúdo do questionário. O seu recrutamento foi necessário, uma vez que se decidiu distribuir os questionários nos endereços físicos das PME.

Por conseguinte, era necessário apoio logístico. A opção de enviar os questionários por correio eletrónico através do Google Forms ou de qualquer outro método foi excluída, pela simples razão de que muitas PME em Jacmel não têm um endereço de correio eletrónico. Muitas das que têm, parecem não o utilizar regularmente. Por conseguinte, foi mais seguro contactar as PME pessoalmente, de modo a obter o maior número possível de respostas. A vantagem deste processo foi a interação direta com os proprietários-gerentes, alguns dos quais se ofereceram para fornecer detalhes adicionais relacionados com o tema do inquérito.

Foi distribuído um total de 250 questionários. Destes, 124 foram recuperados, incluindo 6 que não eram válidos devido a informações em falta ou contraditórias. Para efetuar a distribuição dos questionários, foi feita uma repartição por zona de localização das PME. Foram identificadas onze zonas principais. São as seguintes: 1. Bassin Caiman-Pasquette-Dumeuze; 2. Beaudouin-Aviation- Orangers; 3. Bréman-Meyer-Cyvadier; 4. Centre-ville; 5. Labidou-Lamandou- Cap des Maréchaux; 6.

Monchill-Sainte-Hélène; 7. Portai! Bainet; 8. Portai! la Gosseline; 9. Portai! Léogane; 10. Portai! St-Cyr; e 11. Siloé-Mome Ogé.

De segunda a sábado, durante as horas normais de expediente, o recenseador percorreu estas zonas para distribuir e recolher os formulários. No entanto, este exercício não foi isento de dificuldades. Foram encontrados vários obstáculos com alguns proprietários de PMEs que, por várias razões, se recusaram a cooperar. No entanto, foram adoptadas estratégias de persuasão para conseguir a adesão de um número significativo de participantes. O período de recolha de dados decorreu de 24 de maio a 20 de junho de 2024. A taxa de resposta válida foi de 47,20%.

3. *Os dados recolhidos*

Os dados recolhidos são tanto quantitativos como qualitativos. Os dados quantitativos incluem, por exemplo, o volume de negócios, as taxas de juro, os montantes e a duração dos empréstimos. Os dados qualitativos referem-se às percepções das PME sobre a qualidade serviços bancários, ao seu nível de satisfação com estes serviços e a uma estimativa do impacto das avarias bancárias no tríptico qualidade-custo-tempo de entrega dos produtos das PME. Estes dados serão utilizados para medir as variáveis a associar.

Para além disso, são utilizados dois tipos principais de dados neste estudo: dados secundários e dados primários. Os dados secundários referem-se todos os documentos existentes sobre o assunto, tais como o censo MCI (2014) e os vários relatórios BRH. Os dados primários provêm de dados recolhidos no terreno. Uma vez recolhidos, estes dados são consolidados numa base de dados. Esta base de dados é inicialmente criada no Excel e depois exportada SPSS para processamento e análise.

4. *Os modelos*

Foram utilizados dois modelos de regressão múltipla para efetuar as estimativas econométricas. No primeiro, a variável explicada, nomeadamente o desempenho, é medida em termos de vendas das PME. No segundo, é medida em termos do tríptico qualidade-custo-tempo de entrega dos produtos destas empresas. Os modelos são especificados da seguinte forma

Modelo 1	**Modelo 2**
PER = f (QSB)	PER = f (QSB)
+ Em que PER: Desempenho das PME e QSB:	Onde PER: Desempenho das PME
Qualidade dos serviços bancários QSB = TI + MP	e QSB: Qualidade dos serviços bancários
DP + SBP + SD	QSB = TI + SBP + SD
Por conseguinte :	Por conseguinte :
+ + + PERi = βα ß1TIi ß2MPi ß3 DP¡ + ß4SBPi +	+ + + PERi = βα ßiTIi ß2SBPi ß3SDi + s¡
ß5SDi + sì	**Com**
Com	TI: Taxa de empréstimo
TI: Taxa de empréstimo	SBP: Serviços bancários de pagamento
MP: Montante do empréstimo	SD: Serviços digitais
DP: Período de empréstimo	βα: Constante
SBP: Serviços bancários de pagamento	β: Vectores de parâmetros
SD: Serviços digitais	sí: Erro residual i: Índice da empresa
βα: Constante	

| β: Vectores de parâmetros
sì: Erro residual i: Índice da empresa | |

É importante notar que, no segundo modelo, o desempenho é uma variável dicotómica. Assume o valor 0 se os serviços bancários conduzirem a uma diminuição da qualidade, a uma diminuição das vendas e a um aumento do prazo de entrega para as PME, e o valor 1 no caso contrário. Ao contrário do primeiro modelo, apenas são tidas em conta as variáveis taxas de juro, serviços de pagamento e serviços digitais. O montante do empréstimo e a duração do empréstimo, que são de facto variáveis de controlo, não acrescentam qualquer valor na estimativa do segundo modelo.

Além disso, devido às relações teóricas e empíricas entre as variáveis explicativas e a variável explicada, são esperados sinais positivos ou negativos. Tudo isto é apresentado no quadro seguinte.

Tableau 2.   Relação entre variáveis e desempenho da empresa

Variável	Relação teórica e empírica com o desempenho da empresa	Sinal esperado
Taxa de juro	De acordo com outros estudos para além do de (Kone & Thera, 2022), a taxa de juro tem geralmente um impacto negativo no desempenho das empresas.	
Empréstimo Montani	Pelo simples facto de aumentar o capital, o empréstimo Montani tem um impacto positivo no desempenho da empresa (Etogo-Nyaga, 2020).	+
Prazo do empréstimo	A duração do empréstimo tende a ter uma relação positiva com o desempenho da empresa; de facto, quanto mais longa for, melhor é o desempenho, ao contrário do que afirma Tioumagneng (2011), quanto mais curta for, pior é o desempenho. A segunda proposição é mantida neste estudo.	
Serviços de pagamento	No presente estudo, os serviços de pagamento caracterizam-se pela falta de liquidez e por diversos problemas que impedem que os cheques sejam levantados e que as ordens de transferência sejam executadas atempadamente. Espera-se, por conseguinte, uma relação negativa com o desempenho.	
Serviços digitais	Ao contrário dos serviços de pagamento, os serviços digitais parecem ser melhores para os utilizadores empresariais. Espera-se uma relação positiva com o desempenho.	+

Fontes: Cálculos dos autores com base em dados de 2023

V. Análise efeito da banca digital no desempenho das PME de Jacmel

A banca digital tem certamente um impacto no desempenho das PME de Jacmel. Este efeito será analisado a três níveis: descritivo, explicativo e interpretativo. Centrar-se-á nos determinantes do desempenho das empresas, na correlação estatística e nos resultados dos modelos econométricos, seguidos da sua interpretação. Antes, porém, apresentemos as caraterísticas gerais da amostra.

1. Caraterísticas gerais da amostra

As PME selecionadas para constituírem a amostra do estudo têm algumas caraterísticas gerais que devem ser apresentadas. Estas caraterísticas facilitarão a sua compreensão e o seu enquadramento no contexto global do estudo. Dizem respeito tanto às caraterísticas específicas das PME (tipo, sector atividade, número de anos de existência, dimensão, volume de negócios) como às caraterísticas sociodemográficas dos proprietários-gestores (sexo, idade, nível de escolaridade).

Os dados da amostra mostram que 92,37% das PME são empresas em nome individual, 3,39% são sociedades de pessoas e 4,24% são sociedades anónimas. Isto confirma, tal como muitos estudos anteriores, que o tecido económico nacional é dominado por PME detidas por indivíduos ou famílias.

Os dados mostram também que uma grande parte destas empresas em Jacmel opera nos sectores da Alimentação-Bebidas (30,51%) e da Construção-Hardware-Mobiliário (27,12%). Os outros 9 sectores de atividade incluem: Hotéis-Bares-Restaurantes (9,32%), Peças de Automóveis e Motociclos (9,32%), Farmacêutica-Cosmética (5,08%), Centros Comerciais-Mercado (5,08%), Combustíveis-Energia (2,54%), Comunicações-Telefonia (2,54%), Culinária-Pastelaria (1,69%), Desporto-Lazer-Eventos (0,85%), Arte-Artesanato (0,85%) e Outros (5,08%). No seu conjunto, estes sectores representam apenas 42,37%.

Em termos de número de anos de existência, 38,98% das PME têm entre 7 e 12 anos, 27,12% entre 1 e 6 anos, 20,34% entre 13 e 18 anos, 5,93% entre 25 e 30 anos, 5,08% entre 19 e 24 anos e 0,85% entre 31 e 36 anos. Estes dados sugerem que as empresas estão a sobreviver durante um período relativamente longo e não fecham ao fim de três anos, como acontece frequentemente com muitas empresas em fase de arranque no país. No entanto, à medida que o tempo passa, o número de empresas em fase de arranque diminui. A maioria está localizada no centro da cidade (33,90%) e em Beaudouin-Aviation-Orangers (20,34%). Isto deve-se ao facto de o centro da cidade ter sido sempre um centro de negócios, enquanto Beaudouin se tornou uma localização estratégica após a deslocalização do mercado principal em 2010, o que resultou instalação de um grande número de empresas.

Em termos de dimensão, 84,75% das PME têm entre 1 e 10 trabalhadores, enquanto 15,25% têm entre 10 e 50 trabalhadores. Isto mostra que todas as empresas da amostra podem ser classificadas como micro e pequenas empresas (MPE). Destes trabalhadores, 60,71% são homens e 39,29% são mulheres. A pequena dimensão das empresas é coerente com o seu volume de negócios, se nos referirmos às classificações da OIT (2015) ou da OCDE (2004). De facto, 42,37% delas têm um volume de negócios anual inferior a 14,4 milhões de gourdes (100.000 euros) e 57,63% têm um volume de negócios anual inferior a 1,4 mil milhões de gourdes (10 milhões de euros). No entanto, de acordo com os critérios do Banco Mundial, a repartição é a seguinte: 42,37% das empresas têm um volume de negócios anual inferior a 13,2 milhões de gourdes (100 000 dólares para as microempresas), 46,61% têm um volume de negócios anual inferior a 396 milhões de gourdes (3 milhões de dólares para as pequenas empresas), enquanto 11,02% têm um volume de negócios anual inferior a 1,9 mil milhões de gourdes (15 milhões de dólares para as médias empresas).

Além disso, os proprietários-gestores não são equilibrados em termos de género. Os dados da amostra mostram que o sector empresarial de Jacmel é dominado pelos homens, com 72,03% de empresários contra 27,97% de mulheres. Este facto é corroborado pelos resultados de vários estudos realizados a nível nacional, embora em alguns domínios específicos haja mais mulheres do que homens.

Os dados mostram também que a grande maioria dos proprietários-gestores são jovens, com 72,19% com menos de 50 anos. Os que têm mais de 50 anos representam apenas 28,81%.

Em termos de educação, os proprietários-gestores são relativamente avançados. Verifica-se que 28,81% atingiram o segundo grau, 30,51% o nível profissional e 40,68% o nível universitário. tinha menos do que estes níveis. Este facto pode estar relacionado com a relativa longevidade das empresas, uma vez que os proprietários-gestores parecem estar bem equipados para gerir dificuldades, tanto internas como externas (El Manzani et al., 2018).

2. *Os factores determinantes*

As variáveis relacionadas com os serviços bancários, que são essenciais para explicar o desempenho das PME, são consideradas factores determinantes. Estas variáveis dizem respeito ao financiamento, aos serviços de pagamento e aos serviços digitais.

Em primeiro lugar, é de salientar que os serviços bancários utilizados pelas PME são os seguintes: conta poupança (70,34%), conta corrente (51,69%), serviços online (38,98%), cartões de crédito (32,20%), transferências (30,51%), empréstimos (16,10%) e paridade perfeita para contas a prazo, seguros e outros serviços (0,85%).

Os bancos que prestam estes serviços às PME estão distribuídos da seguinte forma: Sogebank (67,80%), Unibank (63,56%), Capital Bank (38,14%) e BNC (27,12%). É também de salientar que 72,88% das PMEs inquiridas têm conta em pelo menos dois bancos, enquanto 2,54% têm conta em cada um dos quatro bancos que operam na cidade.

Em termos de financiamento, apenas 16,10% das PME beneficiam de empréstimos bancários, uma percentagem muito baixa para o espírito empresarial e, consequentemente, o desenvolvimento local. Destas empresas que beneficiam de empréstimos, 52,63% têm empréstimos inferiores a 1 milhão de gourdes, 36,84% têm empréstimos entre 1 milhão e 10 milhões de gourdes e 10,53% têm empréstimos entre 10 milhões e 100 milhões de gourdes. Para além disso, apenas 4 empresas têm empréstimos em dólares americanos. Destas 4 empresas, 3 têm empréstimos inferiores a 25.000 dólares e 1 tem um empréstimo superior a 500.000 dólares. Os bancos credores estão distribuídos da seguinte forma: Capital Bank (47,83%), Sogebank (30,43%), Unibank (17,39%) e BNC (4,35%). Os empréstimos são de vários tipos: equipamento (39,13%), numerário (30,43%), imobiliário (21,74%) e hipotecário (8,70%). A duração dos empréstimos varia consoante o tipo de empréstimo e o banco mutuante: menos de um ano (15,79%), entre 1 e 2 anos (26,32%), entre 2 e 3 anos (42,11%), entre 3 e 4 anos (5,26%) e 5 anos ou mais (10,53%). A maioria dos empréstimos (68,43%) tem um prazo de 1 a 3 anos. As taxas de juro variam no mercado bancário. De acordo com os dados da amostra, situam-se entre 7% e 30% para os empréstimos em gourde, e entre 9% e 12% para os empréstimos em dólares. Estes dados reflectem os publicados nos diferentes relatórios do BRH para este indicador.

No que respeita aos serviços de pagamento, a situação é bastante crítica. De acordo com os dados da amostra, as PME enfrentam o problema da liquidez bancária com as seguintes frequências: sempre (15,25%), frequentemente (61,02%), raramente (22,88%) e nunca (0,85%). Estas frequências mostram a dimensão do problema, uma vez que 76,27% das PME não recebem liquidez imediata quando a solicitam. No entanto, há uma advertência a fazer relativamente aos pagamentos por cheque e por transferência. Para as PME, o problema da indisponibilidade, nos prazos habituais, dos montantes dos cheques depositados nas contas é repartido da seguinte forma: sempre (2,54%), frequentemente (25,42%), raramente (27,12%), nunca (5,08%) e não resposta (39,83%). No que diz respeito ao problema da indisponibilidade das transferências nos prazos habituais, que não é muito diferente do dos cheques, a repartição é a seguinte: sempre (2,54%), frequentemente (22,03%), raramente (34,75%), nunca (4,24%) e sem resposta (36,44%).

É de salientar que o tempo normal de compensação de cheques é de 2 dias, enquanto o tempo necessário para executar ordens de transferência locais e internacionais é de 2 e 3 dias, respetivamente. No entanto, o tempo efetivo de compensação de um cheque, de acordo com as PME, é o seguinte: 3-4 dias (29,66%), 4-5 dias (11,86%), 5 dias ou mais (14,41%) e sem resposta (44,47%). No que diz respeito às transferências, os prazos efectivos para a sua realização são, a nível local: 2-5 dias (50,00%), 5 dias ou mais (9,32%) e ausência de resposta (40,68%); e a nível internacional: 3-5 dias (5,93%), 5-10 dias (9,32%), 10 dias ou mais (2,54%) e ausência de resposta (82,20%). Existe, por conseguinte, uma discrepância entre as respostas relativas à não disponibilidade de pagamentos dentro dos prazos regulares e a não disponibilidade de pagamentos dentro dos prazos efectivos. Os pagamentos parecem demorar mais tempo do que as PME referem. Além disso, parece que as PME são menos afectadas por problemas relacionados com depósitos em cheque e transferências de contas. Isto pode também ser explicado pelo facto de muitas delas recorrerem menos a estes serviços.

Os serviços digitais são muito mais atractivos. Se olharmos para os cartões de crédito, verificamos que estão mais bem adaptados às necessidades das PME. De facto, quando questionadas sobre se facilitam as transacções, as PME inquiridas responderam da seguinte forma: sempre (37,78%), frequentemente (48,89%) e raramente (13,33%). Além disso, quase não encontram problemas aquando da utilização do cartão; 97,78% destas empresas confirmam este facto. O mesmo se aplica aos serviços em linha. Quando se pergunta se facilitam as transacções, as respostas são as seguintes: sempre (37,50%), frequentemente (54,17%), raramente (6,25%) e nunca (2,08%). Tal como acontece com o cartão de crédito, 91,67% das PME raramente problemas na utilização destes serviços. O problema é que a grande maioria não os utiliza. No que respeita aos cartões de crédito, apenas 38,14% possuem um, contra 61,86% que não o possuem. As principais razões invocadas são nunca terem pedido um cartão de crédito ou pensarem que este lhes seria recusado. Quanto aos serviços em linha, 40,68% utilizam-nos, contra 59,32% que não o fazem. As razões invocadas pelos não utilizadores foram a falta de informação ou o desconhecimento da forma de os utilizar.

3. *Correlação estatística*

Com base no que precede, é possível estabelecer uma relação entre a qualidade percebida dos serviços bancários e o desempenho das PME em Jacmel. Esta relação é apresentada no quadro seguinte.

Assim, podemos constatar que, globalmente, um nível ou outro, 66,10% das empresas contra 33,90% afirmam que os problemas serviços bancários atrasam a realização das suas operações; 64,41% contra 35,59% afirmam que estes problemas reduzem a qualidade dos seus serviços; 70,35% contra 29,65% afirmam que os problemas com os serviços bancários reduzem as suas vendas; e 62,72% contra 37,28% afirmam que estes problemas aumentam os seus custos. É, pois, fácil compreender porque é que a grande maioria (91,53% no total) não está satisfeita com a qualidade do serviço que recebe dos bancos, embora, curiosamente, uma parte significativa das PME que receberam empréstimos bancários pareça relativizar esta situação.

Tableau 3.   Relação entre a qualidade percebida e o desempenho das PME em Jacmel

Questão colocada	Beaucou P	Uma caneta	Muito caneta	Não todos	Sem problemas de serviço bancário	N= 118
Q42. Os problemas com os serviços bancários atrasam a conclusão das suas transacções?	32,20 %	33,90 %	20,34 %	5,08 %	8,48 %	100,00 %
Q43. Os problemas com os serviços bancários reduzem a qualidade dos vossos serviços?	25,43 %	38,98 %	20,34 %	6,78 %	8,47 %	100,00 %
Q44. Os problemas com os serviços bancários reduzem as suas vendas?	23,74 %	46,61 %	12,71 %	8,47 %	8,47 %	100,00 %
Q45. Os problemas com os serviços bancários aumentam os seus custos?	22,89 %	39,83 %	18,64 %	10,17 %	8,47 %	100,00 %

Fontes: Cálculos dos autores com base em dados de 2023

Tableau 4.   Nível de satisfação dos clientes das PME em Jacmel

Questão colocada	Muito satisfeito	Satisfeito	Caneta satisfeito	Não satisfeito	N= 118
Q39. Está satisfeito com os serviços do seu banco?	0,00 %	8,47 %	55,93 %	35,60 %	100,00 %

Fontes: Cálculos dos autores com base em dados de 2023

Tableau 5.   Perceção dos clientes das PME em Jacmel relativamente aos empréstimos bancários

Questão colocada	Muitos	Uma caneta	Muito magro	De modo algum	N = 19
Q41. O empréstimo melhora a sua situação financeira?	15,79 %	52,63 %	15,79 %	15,79 %	100,00 %

Fontes: Cálculos dos autores com base em dados de 2023

VI. Resultados dos modelos econométricos e interpretação

Modelo 1. Os resultados são os seguintes:

Resumo do modelo[1])

Modelo	R	R Quadrado	Quadrado R ajustado	Erro Std. Erro da estimativa	Durbin-Watson
1	,373[a]	.1 39	.100	1 8639461 9.1 9	1.949

a. Preditores: (Constante). Prazo do empréstimo, Serviços de pagamento, Taxa de juro, Serviços digitais, Montante do empréstimo
b. Variável dependente: Volume de negócios

ANOVA[a]

Modelo		Soma de quadrados	df	Quadrado médio	F	Sig.
1	Regressão	6.277E+17	5	1.255E+17	3.613	005[b]
	Residencial	3.891E-18	112	3 474E + 16		
	Total	4.519E+18	117			

a. Variável Dependente: Volume de Negócios
b. Preditores: (Constante), Duração do empréstimo, Serviços de pagamento, juro, Serviços digitais, Montante do empréstimo

Coeficientes

Modelo	Coeficientes não padronizados B	Erro Std. Erro	Coeficientes padronizados Beta	t	Sig.	Tolerância	VIF
1 (Constante)	71516502.954	25319079.680		2.825	.006		
Taxa de juro	-2120366.086	4129338.900		-.075 -.513	.609 .367		2.722
Serviços de pagamento	80280354.809	46335515.928	.154	1.733	.086 .980		1.020
Serviços digitais	81829568.323	36010352.847	.209	2.272	.025 .916		1.091
Montante do empréstimo	6.819	3.201	.249	2.130	.035 .564		1.772
Prazo do empréstimo	4726164.286	34859284.654	.023	.136	.892 .264		3.787

a. Variável Dependente: Volume de Negócios

A partir dos resultados obtidos, é fácil constatar que o modelo é globalmente significativo ao nível de 5%. De facto, se nos referirmos à análise de variância (ANOVA), verificamos que F = 3613 > F* (tabelado) = 2,29. A estimativa do modelo , portanto, validada. Em segundo lugar, os erros não são autocorrelacionados. O teste de Durbin-Watson comprova-o, com um coeficiente de 1,949, muito próximo de 2. Por último, não é detectada multicolinearidade entre as variáveis explicativas.

O seu VIF varia de 1 a 4, com os respectivos níveis de tolerância. Assim, a taxa de juro tem um VIF de 2,722 com uma tolerância de 0,367; os serviços de pagamento um VIF de 1,020 com uma tolerância de 0,980; os serviços digitais um VIF de 1,091 com uma tolerância de 0,916; o montante do empréstimo um VIF de 1,772 com uma tolerância de 0,564; e o prazo do empréstimo um VIF de 3,787 com uma tolerância de 0,264. O único inconveniente é o coeficiente de determinação R^2, que é bastante baixo, com 13,90%. No entanto, este facto não afecta o significado global do modelo. Indica simplesmente que existem outras variáveis susceptíveis de explicar o desempenho, mas que não foram tidas em conta neste estudo.

Em segundo lugar, uma vez estimado o modelo, é essencial examinar os coeficientes beta das variáveis explicativas. Estes coeficientes fornecem informações sobre a relação entre as variáveis explicativas e a variável que está a ser explicada. A sua significância é determinada pelo teste t de Student, um teste habitualmente utilizado para este efeito. A hipótese (Ho) de um coeficiente nulo é testada contra a hipótese alternativa (Hi) de um coeficiente diferente de zero (positivo ou negativo, sendo o teste bicaudal). Um coeficiente é considerado significativo se a probabilidade for inferior ao limiar de 5%.

Neste contexto, os resultados revelam que duas variáveis têm relações positivas e estatisticamente significativas com o desempenho. São elas: valor do empréstimo (ß = 0,249, t = 2,130 e p < 0,05) e serviços digitais (ß = 0,209, t = 2,272 e p < 0,05). Isto significa que o montante do empréstimo e os serviços digitais têm uma influência positiva no desempenho, com os sinais esperados.

De seguida, os resultados mostram que duas outras variáveis têm relações positivas com o desempenho, mas não são significativas. São elas a duração do empréstimo (ß = 0,023, t = 0,136 e p > 0,05) e os serviços de pagamento (ß = 0,154, t = 1,733 e p > 0,05). Estas variáveis apresentam sinais contrários às expectativas.

Finalmente, verificamos que a taxa de juro tem uma relação negativa e estatisticamente insignificante com o desempenho (ß = -0,075, t = -0,513 e p > 0,05). Justifica-se assim o sinal esperado desta relação.

A equação de desempenho pode então ser escrita como :

$PER\dot{I} = 71\ 516\ 502\ 954 - 0{,}075 TI\ddot{I} + 0{,}249\ MPi + 0{,}023\ DPi + 0{,}154\ SBPi + 0{,}029\ SDi + s_i.$

Modelo 2. Os resultados são os seguintes:

Resumo do modelo[0]

Modelo	R	R Quadrado	Quadrado R ajustado	Erro Std. Erro da estimativa	Durbin-Wats on
1	,307[a]	.094	.070	.452	1.626

a. Preditores: (Constante), Serviços digitais. Serviços de pagamento, Taxas de juro b. Variável dependente: QCD

ANOVA[a]

Modelo		Soma de quadrados	df	Quadrado médio	F	Sig.
1	Regressão	2.427		3.809	3.953	.01 0[b]
	Residencial	23.335	114	.205		
	Total	25.763	117			

a. Variável dependente: QCD
b. Preditores: (Constante), Serviços digitais, Serviços de pagamento, Taxas de juro

Coeficientes

Modelo	Coeficientes não padronizados		Coeficientes padronizados	t	Estatísticas de colinearidade		
	B	Erro Std. Erro	Beta		Sig	Tolerância	VIF
1 (Constante)	1.110	.362		3.067	.003		
Taxas de juro	-.024	.020	-.106	-1.183	.239	.994	1.006
Serviços de pagamento	-.332	.111	-.267	-2.993	.003	.999	1.001
Serviços digitais	.105	.084	.112	1.258	.211	.993	1.007

a. Variável dependente: QCD

De acordo com estes resultados, o modelo é globalmente significativo com um F de Fisher = 3,953 e p < 0,01. A única preocupação continua a ser o coeficiente de determinação $R^2 = 9{,}40\%$, que é muito baixo, mas compreensível, uma vez que não foram tidas em conta outras variáveis susceptíveis de explicar o desempenho. Os resíduos não são autocorrelacionados (DW = 1,626, próximo de 2) e os VIFs das variáveis situam-se entre 1,001 e 1,007, ultrapassando os níveis de tolerância (0,993, 0,994 e 0,999).

Além disso, os coeficientes beta mostram que os serviços de pagamento têm uma relação negativa e altamente significativa com o desempenho (ß = -0,267, t = -2,993 e p < 0,01). Isto significa que os serviços bancários de pagamento têm um impacto negativo no desempenho. De referir ainda que a relação entre a taxa de juro e o desempenho é também negativa, mas esta relação é estatisticamente insignificante (ß = -0,106, t = -1 183 e p > 0,05). A única variável do modelo com uma relação positiva, mas não significativa, com o desempenho é a dos serviços digitais (ß = 0,112, t = 1,258 e p > 0,05). A equação do desempenho pode então ser escrita como :

PERÌ = 1110 - 0,106TÌ - 0,267SBPÌ + 0,112SDÌ + Di

A tabela seguinte apresenta uma visão geral da relação entre o desempenho das PME e a qualidade dos serviços bancários em Jacmel, com base nos resultados dos dois modelos. Esta relação pode ser interpretada através dos sinais e da significância dos coeficientes das variáveis.

Tableau 6.   Panorama da relação entre o desempenho das PME e a qualidade serviços bancários em Jacmel

Variável	Desempenho (CA)	Sig.	Desempenho (QCD)	Sig.
Taxa de juro		z		z
Serviços de pagamento	+	z		Z
Serviços digitais	+	z	+	z
Montante do empréstimo	+	z		
Prazo do empréstimo	+	z		

Fontes: Cálculos dos autores com base em dados de 2023

Em termos de QCD, os serviços bancários de pagamento têm um impacto negativo e significativo no desempenho das PME em Jacmel. A taxa de juro, embora negativamente correlacionada com o desempenho, não o influencia significativamente. Do mesmo modo, os serviços digitais, embora positivamente correlacionados com o desempenho, não têm um efeito significativo sobre o mesmo. Neste contexto, a hipótese H2 é apenas parcialmente validada.

Ao mesmo tempo, em termos de volume de negócios, a taxa de juro comporta-se da mesma forma que em termos de QCD, ou seja, tem uma correlação negativa com o desempenho, mas não o afecta significativamente. O mesmo se aplica à duração dos empréstimos e aos serviços de pagamento, que, contrariamente às expectativas, apresentam correlações positivas com o desempenho. Por outro lado, é o montante do empréstimo e os serviços digitais que têm um impacto positivo e significativo no desempenho. O resultado relativo aos serviços digitais valida a hipótese H1.

A razão mais provável para o efeito positivo dos serviços digitais no volume de negócios é que, graças a estes serviços melhorados, as PME podem efetuar transacções mais facilmente e sem terem de recorrer aos métodos físicos tradicionais, que parecem apresentar mais complicações para os bancos. Isto facilita a compra e a venda para as PME. Estes serviços deverão, por conseguinte, ter um impacto positivo no desempenho em termos de QCD. Isto pode significar que as empresas precisam de mais do que isto para melhorar a qualidade e reduzir os custos e os prazos de entrega dos serviços que oferecem aos seus clientes no mercado.

Conclusão

O objetivo deste estudo foi demonstrar que existe uma relação entre a qualidade dos serviços bancários e o desempenho das PME em Jacmel, centrando-se na banca digital. O nosso objetivo era preencher uma lacuna, uma vez que nenhum estudo anterior analisou esta relação de uma perspetiva tão ampla. A maioria dos estudos sobre este tema centra-se principalmente num único aspeto, nomeadamente o financiamento, e não procura integrar outros elementos, como os serviços de pagamento ou os serviços digitais. No entanto, este aspeto era relevante, uma vez que muitas PME em Jacmel estão a sofrer de problemas bancários, particularmente em relação aos sistemas de pagamento. Por conseguinte, era importante analisar o impacto destes factores no desempenho das empresas locais e, em especial, o efeito da digitalização, dadas as vantagens que oferece para melhorar a experiência do cliente.

O único estudo na literatura que associa a digitalização bancária ao desempenho das PME limita-se aos serviços em linha. Não tem em conta outros aspectos importantes, como os cartões bancários. Além disso, é de salientar que o desempenho foi entendido na sua dimensão comercial, medido em termos de volume de negócios e de qualidade-custo-tempo de entrega dos produtos das PME. Quanto à qualidade dos serviços bancários, esta foi abordada sob o ângulo da perceção do cliente, implicando a ideia de satisfação com estes serviços.

Formulámos duas hipóteses para responder à nossa questão de investigação: 1. a banca digital tem um efeito positivo no volume de negócios das PMEs em Jacmel; 2. a banca digital tem um efeito positivo no tríptico qualidade-custo-entrega dos produtos das PMEs. A banca digital tem um efeito positivo sobre o tríptico qualidade-custo-tempo de entrega dos produtos das PME. Foi realizado um inquérito por questionário a 118 PME da cidade. Em princípio, todas elas são empresas formais, ou seja, os bancos só podem ter uma relação normal com elas se estiverem legalmente registadas. Estas empresas operam em diversos sectores e estão distribuídas por toda a cidade e arredores. O método de amostragem utilizado combina um método probabilístico e um método de escolha fundamentada. A fim de maximizar as possibilidades de obter uma taxa de resposta satisfatória, os questionários foram entregues fisicamente aos proprietários-gestores das PME selecionadas para a recolha de dados. Uma vez recolhidos, os dados foram processados e analisados utilizando o Excel e o SPSS. Foram utilizadas estatísticas descritivas e dois modelos de regressão múltipla para cada medida de desempenho.

Os resultados mostram que, globalmente, todas as variáveis explicativas selecionadas, nomeadamente a taxa de juro, os serviços de pagamento e os serviços digitais, estão correlacionadas com o desempenho, quer em termos de vendas, quer em termos de qualidade - custo - prazo de entrega das PME. No entanto, a significância varia consoante a variável explicativa e a sua relação com a variável explicada. A taxa de juro está negativamente correlacionada com o volume de negócios e a QCD, mas não é significativa. Os serviços de pagamento apresentam uma correlação negativa e significativa com a QCD, enquanto a correlação com o volume de negócios é positiva, mas não significativa. Quanto aos serviços digitais, estão positivamente correlacionados com o volume de negócios e a DQC, mas a correlação é significativa com o volume de negócios e não significativa com a DQC. Consequentemente, a hipótese H1 é totalmente validada, enquanto a hipótese H2 é apenas parcialmente validada.

Os resultados mostram que, embora a taxa de juro seja relativamente elevada, não impede um aumento das vendas nem reduz a qualidade, os custos ou os prazos de entrega dos produtos das PME. Este facto reflecte-se nos coeficientes beta observados. Os serviços de pagamento não têm um impacto direto no volume de negócios, uma vez que a grande maioria das PME contorna estes serviços, recorrendo a outros meios para continuar a realizar as suas transacções. No entanto, estas alternativas influenciam a qualidade dos produtos, os custos e os prazos de entrega. Quanto aos serviços digitais, embora não tenham um impacto direto na qualidade, nos custos e nos prazos de entrega, parecem ser os únicos que são bem percebidos pelas empresas. O problema é que são poucas as que utilizam estes serviços. Isto levanta a questão da acessibilidade serviços bancários.

O estudo apresenta duas limitações principais. A primeira diz respeito aos coeficientes de determinação dos modelos (R^2). Embora não ponham em causa a significância global dos modelos (como confirmado pelos testes de Fisher), não são suficientemente elevados. A explicação mais plausível é que eram necessárias outras variáveis de controlo, para além do montante e da duração do empréstimo, para explicar o desempenho. Este facto parece tanto mais relevante quanto o desempenho das empresas é, em geral, influenciado por um grande número de factores.

A segunda limitação diz respeito à robustez dos modelos. Embora tenham efectuados e validados testes padrão, é possível que estes modelos possam ser melhorados. No entanto, mesmo com novas regressões, é improvável que os resultados sejam significativamente diferentes quando se baseia na qualidade dos serviços bancários tal como é percepcionada pelos clientes PME. É por esta razão que o estudo é tão importante para os bancos em termos de envolvimento da direção. Deverá permitir-lhes compreender melhor a forma como os clientes das PME percepcionam os seus serviços, melhorar os serviços de pagamento, que reduzem a qualidade e aumentam os custos, bem como os prazos de entrega dos produtos das PME, e reforçar a gama de serviços digitais, que parecem ser benéficos para as PME.

A contribuição do estudo, tanto teórica como empírica, não é, pois, negligenciável, sobretudo no contexto haitiano. O que ele revela abre caminho a novas investigações sobre outros aspectos dos serviços bancários, em relação economia em geral e à gestão das empresas em particular.

Bibliografia

1 . Akitan, A. (2015). Financiamento bancário e desempenho das empresas na África Subsariana: os casos dos Camarões e do Senegal. Laboratoire de Recherches économiques et Monetaires UCAD.

2 . Ambroise, G. (2019, março). Análise dos ciclos de crédito e da atividade económica no Haiti. (BRH, Éd.) Cahier de Recherche (MAÉ/BRH-CR- 004), pp. 49-61.

3 . Bahia, K., & Nantel, J. (2000). Uma escala de medição fiável e válida para a qualidade de serviço percebida dos bancos. International Journal of Bank Marketing, 28(2), 211-223.

4 . Banco da República do Haiti. (2018). Rapport annuel.

5 . Banco Mundial. (2020). Capacidade e inclusão financeira no Haiti. Resultados do inquérito.

6 . Barbot-Grizzo, M. C. (2012). Gestion et anticipation de la transmission des TPE artisanales : vers une démarche proactive du dirigeant propriétaire. Management & Avenir, 2(52), 35-56.

7 . BID. (2011). O impacto do Internet Banking no desempenho das micro e pequenas empresas na Costa Rica: um experimento controlado randomizado. Documentos de trabalho (BID-WP-242).

8 . Boyer, A., & Nefzi, A. (2009). La perception de la qualité dans le domaine des services : vers une clarification des concepts. La Revue des Sciences de Gestion, 3-4 (237-238), 43-54.

9 . Organização Internacional do Trabalho. (2015). As pequenas e médias empresas e a criação de emprego digno e produtivo. Conferência Internacional do Trabalho.

10 Cadete, L. R., Providência, C., & Antenord, J.-B. (2018). Penetração bancária e o desenvolvimento das cidades do Haiti. Em CREGED (Ed.), Accès aux biens et services en Haiti - Banque et Développement, (pp. 89-100). Port-au-Prince.

11 Doura, F. (2012). Economie d'Haiti, dépendance, crises et développement tome 2. Montreal, Canadá: Les Editions DAMI.

12 Driss, E. (2017). Qualidade e desempenho empresarial. Revue Marocaine de Recherche en Management et Marketing (16), 438-459.

13 .El Manzani, N., Asli, A., & El Manzani, Y. (2018). Factores de insucesso empresarial nas PME marroquinas: um estudo exploratório. Marché et Organisations, 3(33), 105-144.

14 Elouahabi, T., & Dakkon, M. (2022). La digitalisation bancaire: approche conceptuelle et théorique. Jornal Internacional de Contabilidade, Finanças, Auditoria, Gestão e Economia, 3(5-1), 199-210.

15 Etogo-Nyaga, Y. P. (2020). Acesso ao financiamento e desempenho das PME nos Camarões. Revista "Repères et Perspectives économiques", 4(1), 1-18.

16 Hafiane, M. A., & Jed, I. (2021). O impacto da qualidade do banco online na fidelidade do cliente: Um estudo através do efeito mediador do nível de satisfação dos clientes marroquinos. Revista Internacional de Estudos e Investigação em Negócios e Tecnologias, 3(2).

17 IFC-Banco Mundial. (2010). Guia Bancário para PMEs. Washington DC.

18 Issor, Z. (2017). Desempenho empresarial: um conceito complexo com múltiplas dimensões. Projectique, 2(17), 93-103.

19 Lamaute-Brisson, N. (2002). A economia informal no Haiti. De la reproduction urbaine à Port-au-Prince. Paris: L'Harmattan.

20 Kone, B., & Thera, S. (2022). Impact de l'endettement sur la performance dans les PME du district de Bamako : Cas des BTP. Revista Internacional de Economia e Gestão, 2(1).

21 Lakhrif, K., Faical, Z., & El Haddou, Y. (2016). O impacto qualidade de serviço percebida na satisfação e no compromisso dos principais clientes: Cas de la Banque populaire marocaine. Recherches & Pratiques en Marketing, 1(1), 1-29.

22 Ministério do Comércio e da Indústria. (2014). Censo Empresarial 2012-2013.

23 OCDE. (2004). Promover as PME para o desenvolvimento. Characteristics and Importance of SMEs, 2 (5), OECD Publishing, 37-46.

24 Paul, B., Juma'h, H. A., & Dorante, F. (2018). A perceção dos empresários sobre a responsabilidade social dos bancos: um estudo de caso haitiano. Em CREGED (Ed.), Accès aux biens et services en Haiti - Banque et Developpement, (pp. 7988). Port-au-Prince.

25 Sangue-Fotso, R., & Wamba, H. (2017). Perceção do desempenho pelos seus gestores: O caso das PME dos Camarões. Question(s) de Management (18), 155-171.

26 Tioumagneng, A. (2011). Maturidades do crédito bancário e desempenho das empresas: o caso dos Camarões. Mondes en Développement (153), 7186.

27 Tsapi, V. (2020). A perceção da qualidade do serviço e o compromisso dos clientes bancários nos Camarões. Revue internationale des Sciences de Gestion, 3 (2).

28 Zeithmal, V. A. (1988). Consumer perceptions of price, quality and value: A means-end model and synthesis of evidence. Journal of Marketing, 52, 2-22.

Escolha pública e adoção de dinheiro móvel para inclusão financeira no Haiti
Dr. Christophe PROVIDENCE
Professor, investigador no CRS-IUS no Haiti.

Introdução

A inclusão financeira é uma componente essencial do desenvolvimento económico, particularmente em países onde uma grande parte da população permanece fora dos sistemas bancários tradicionais (Agência dos Estados Unidos para o Desenvolvimento Internacional, 2021). Representa uma alavanca essencial para o desenvolvimento económico, especialmente em contextos em que uma grande parte da população está excluída dos sistemas financeiros tradicionais. No Haiti, onde apenas cerca de 30% dos adultos têm uma conta bancária, o dinheiro móvel (como o MonCash) surgiu como uma solução inovadora para satisfazer as necessidades das populações não bancarizadas (Grupo do Banco Mundial, 2019).

Apresentado como uma alternativa inovadora, o dinheiro móvel (MM) permite a realização de transacções financeiras através de um telemóvel, oferecendo uma solução potencial para os desafios da inclusão financeira. Desde a sua introdução no Haiti, no contexto pós-terramoto de 2010, o dinheiro móvel tem sido cada vez mais adotado (United States Agency for International Development, 2021).

No entanto, a adoção desta tecnologia depara-se com obstáculos importantes, ligados à coordenação entre os intervenientes, às deficiências das infra-estruturas e à desconfiança dos utilizadores.

Este estudo explora o impacto do dinheiro móvel na inclusão financeira no Haiti utilizando a teoria escolhas públicas incompatíveis desenvolvida por Christophe Providence (Providence, 2022). Esta teoria sublinha que os desalinhamentos entre os objectivos dos actores públicos e privados, combinados com restrições estruturais, podem levar a ineficiências na implementação de políticas públicas. Ao analisar estas dinâmicas, identificamos oportunidades para ultrapassar os desafios existentes e maximizar os benefícios do dinheiro móvel.

Em primeiro lugar, incompatibilidade das escolhas públicas resulta frequentemente das prioridades divergentes dos actores envolvidos numa política (Providence, 2022). No caso da adoção do dinheiro móvel no Haiti, este problema de coordenação entre os actores é evidente nos seus objectivos específicos. Por exemplo, os operadores de telecomunicações procuram maximizar os lucros e expandir a sua base de clientes. Também se baseiam na inovação tecnológica para desenvolver novos produtos. No caso das instituições públicas, o objetivo não é apenas promover a inclusão financeira para reduzir as desigualdades económicas, mas sobretudo criar regulamentação para proteger os consumidores. Os objectivos declarados das ONG e das instituições internacionais são o desenvolvimento socioeconómico (Providence, 2020) uma maior inclusão financeira e da erradicação pobreza através de ferramentas acessíveis como o dinheiro móvel (World Bank Group, 2019).

O conflito identificado neste estudo resulta das escolhas estratégicas efectuadas pelos principais intervenientes. Os operadores de telecomunicações podem dar prioridade às zonas urbanas mais rentáveis, enquanto as instituições públicas desejam favorecer as zonas rurais, onde a necessidade de inclusão financeira é mais premente. Este desalinhamento pode criar lacunas na cobertura geográfica dos serviços de dinheiro móvel.

Em segundo lugar, a teoria salienta que a ausência de uma autoridade centralizada ou de um quadro de colaboração claro conduz à fragmentação de esforços (Providence, 2022). No Haiti, vários actores estão envolvidos no ecossistema do dinheiro móvel:

Papéis múltiplos para os operadores de telecomunicações (como a Digicel com a MonCash): fornecem a infraestrutura digital, mas também assumem o papel de educar os utilizadores e gerir os agentes.

Intervenção das autoridades públicas: muitas vezes limitada à regulamentação dos serviços, sem qualquer apoio logístico ou infraestrutura real!

Papel das ONG e dos doadores internacionais: complementar, mas os seus projectos são frequentemente pontuais e dirigidos a comunidades específicas.

A má definição das funções conduz à sobreposição de responsabilidades ou a lacunas na aplicação das políticas. Por exemplo, a educação dos utilizadores pode ser negligenciada se nenhum interveniente assumir a responsabilidade total por ela (Agência dos Estados Unidos para o Desenvolvimento Internacional, 2021).

Por último, a teoria das escolhas públicas incompatíveis sublinha a importância de uma regulamentação clara e coerente para arbitrar as prioridades das várias partes interessadas (Providence, 2022). No Haiti, os desafios regulamentares incluem

Falta de interoperabilidade: Os serviços de dinheiro móvel no Haiti estão frequentemente compartimentados, impedindo transferências entre redes de operadores diferentes. Isto limita a adoção e a utilização dos serviços. Proteção insuficiente do utilizador: A ausência de regulamentação rigorosa pode expor os utilizadores a encargos ocultos ou ao risco de fraude. Fraca supervisão dos agentes locais: Os agentes locais nem sempre são bem supervisionados, o que pode comprometer a qualidade serviços e a confiança dos clientes.

As autoridades públicas não dispõem de meios para impor regras vinculativas aos operadores, enquanto estes últimos favorecem soluções que maximizam o seu controlo sobre o ecossistema.

Depois de delinear a qualidade dos dados deste estudo (I), é necessária uma posição teórica para justificar a relevância da inclusão financeira para o Haiti (II). Uma primeira análise do impacto do dinheiro móvel na inclusão financeira no Haiti (III) é seguida de uma análise da atual fratura digital (IV) e da implementação de um plano nacional para a combater (V).

I- Metodologia de campo para captar a inclusão financeira

A adoção do dinheiro móvel no Haiti oferece um imenso potencial para a inclusão financeira, mas exige uma melhor coordenação e integração estratégica dos esforços (Aker & Mbiti, 2010). Ao superar os desalinhamentos institucionais identificados pela teoria de Christophe Providence (2022), seria possível aumentar o alcance, a eficiência e a sustentabilidade dos serviços financeiros digitais. A colaboração intersectorial, apoiada por políticas públicas inclusivas, é essencial para transformar estes desafios em oportunidades.

1- *O processo de recolha de dados*

O estudo utiliza uma abordagem mista que combina a análise qualitativa e quantitativa para examinar o impacto do dinheiro móvel na inclusão financeira:

a) *Recolha de dados para a Mémoire de Mo'ise Masson em 2024*

- Inquérito aos utilizadores: 313 inquiridos das zonas

zonas urbanas e rurais foram questionados sobre a sua adoção, perceção e utilização dos serviços de dinheiro móvel.

- Entrevistas qualitativas: discussões aprofundadas com os operadores

telecomunicações (como a Digicel), representantes do governo e ONGs envolvidas na promoção da inclusão financeira.

- Dados secundários: estatísticas nacionais sobre a inclusão financeira e relatórios

do Banco Central do Haiti.

b) *Análise de dados*

- Análise estatística: Regressões para identificar os factores determinantes da

1 adoção do dinheiro móvel (idade, rendimento, nível de educação, etc.).

- Quadro teórico: Aplicação da teoria de Christophe Providence

para compreender os desajustes institucionais e estruturais.

c) Estudos de casos

- Exemplo específico: implementação do MonCash como plataforma

do dinheiro móvel no Haiti.

Este método duplo de recolha de dados permitiu atingir um vasto leque de populações, incluindo as zonas rurais mal conectadas. As variáveis foram divididas em duas categorias principais:

- **Caraterísticas socioeconómicas**: idade, nível de educação, rendimento, profissão, sexo.

- **Utilidade percebida**: facilidade de utilização, poupança de tempo, segurança, distância dos bancos físicos.

Para facilitar a análise, são utilizadas as 3 figuras seguintes.

a) Representação dos bancos disponíveis nas diferentes zonas

geográfico ;

b) Crescimento da percentagem utilizadores de telemóveis no Haiti de 2010 a 2020 :

c) Crescimento do dinheiro móvel no Haiti de 2010 a 2020

A Figura 1 poderia representar um mapa de cobertura de rede, uma comparação entre zonas urbanas e rurais ou uma avaliação acesso ao dinheiro móvel.

Se a Figura 1 mostrar uma repartição geográfica, é provável que as zonas urbanas tenham uma cobertura mais densa do que as zonas rurais. Isto ilustra o desafio estrutural da clivagem digital, que exige que as infra-estruturas de telecomunicações sejam alargadas a zonas remotas. O desafio consiste agora em identificar as regiões que beneficiam de um melhor acesso e as que estão mal servidas. As zonas rurais remotas poderão ser as mais afectadas pela falta de infra-estruturas, por exemplo. A política pública deveria dar prioridade ao investimento nas zonas mal servidas melhorar a inclusão digital.

Figure 1 : Nombre de banques pour 1 000 habitants

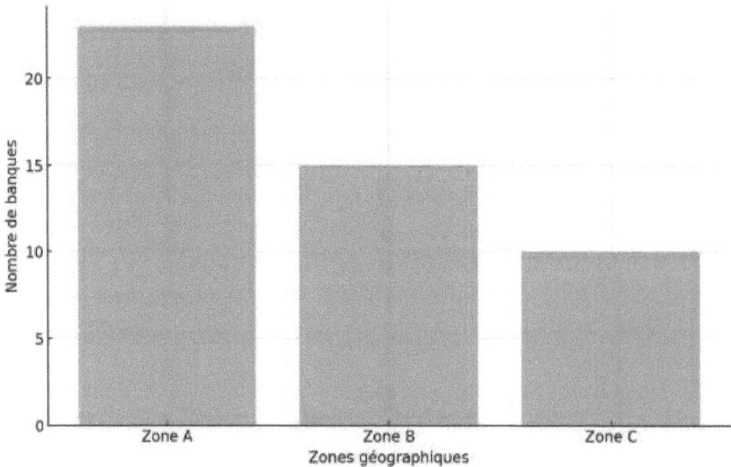

Fonte: Dados do inquérito Moise Masson em 2024

A figura 2 mostra uma análise das taxas de adoção por idade, sexo, rendimento e região geográfica. Por um lado, os jovens habitantes das cidades poderão representar a maioria dos utilizadores, graças a um melhor acesso aos smartphones e à conetividade. Consequentemente, os escalões de rendimento médio e alto poderão apresentar uma taxa de adoção mais elevada. Por outro lado, as populações rurais, as mulheres e os idosos poderão ter uma adoção limitada, devido a obstáculos como a literacia digital ou os custos elevados.

As recomendações seriam seguintes: :

• Desenvolver campanhas de sensibilização específicas para grupos de risco.
baixa absorção ;

• Oferecer soluções adequadas, como telefones básicos ou
interfaces simplificadas.

Figura 2: Número de utilizadores de (%)

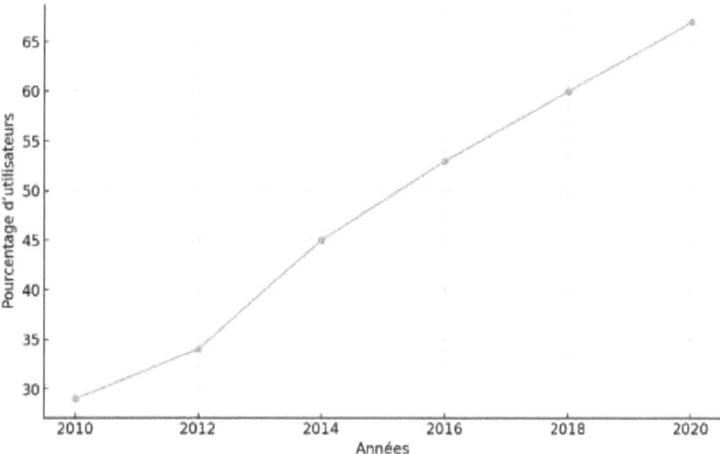

Fonte: Dados do inquérito Moise Masson em 2024

A figura 3 pode mostrar um aumento das transacções, das de dinheiro ou do acesso ao crédito graças ao dinheiro móvel. Se as transacções estiverem a aumentar ao longo do tempo, isso indica que a moeda móvel está a satisfazer uma necessidade crescente de serviços financeiros. Uma tendência ascendente pode também indicar um aumento da confiança dos utilizadores.

As populações urbanas ou os microempresários podem ser os principais beneficiários, enquanto os agricultores ou as populações rurais estão menos representados. Daí a necessidade alargar a gama de serviços oferecidos para incluir produtos financeiros adaptados necessidades específicas, como o microcrédito para os agricultores.

Figura 3: Crescimento do dinheiro móvel no Haiti entre 2010 e 2020

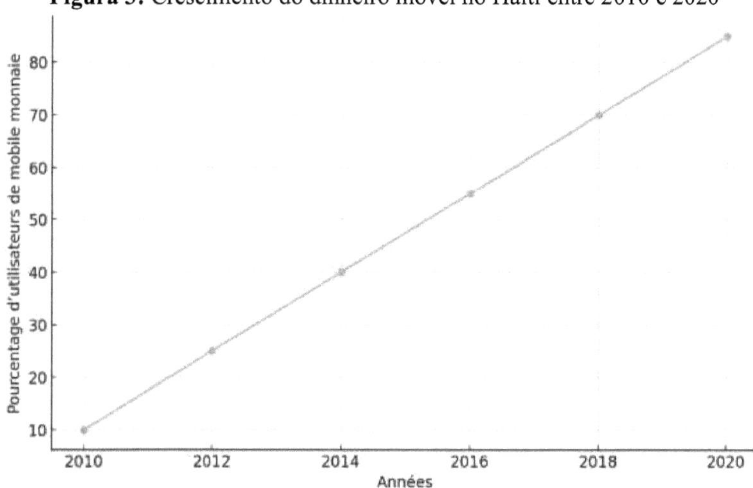

Fonte: Dados do inquérito Moise Masson em 2024

As figuras 4, 5 e 6 fornecem informações importantes sobre o estado da infraestrutura, as taxas de adoção e o impacto do dinheiro móvel no Haiti. Uma análise aprofundada revela disparidades significativas entre grupos demográficos e geográficos, destacando áreas prioritárias de intervenção.

2- *O desafio da coordenação dos actores*

A falta de coordenação entre os operadores de telecomunicações, as autoridades públicas e as instituições financeiras cria ineficiências estruturais e é a principal preocupação deste estudo. Verifica-se que os operadores dão prioridade às zonas urbanas por razões de rentabilidade, enquanto as políticas públicas procuram alargar a cobertura nas zonas rurais (Providence, 2022).

Estas escolhas incompatíveis resultam uma divergência de interesses: maximização do lucro para os operadores privados versus objectivos sociais para os actores públicos. O resultado é :

- Fraca cobertura nas zonas rurais, deixando uma grande parte da
população excluída.
- Multiplicação dos esforços isolados das ONG e das instituições
sem alinhamento estratégico.

A segunda preocupação prende-se com a fragmentação das funções e responsabilidades. Neste caso, os operadores de telecomunicações assumem vários papéis (fornecedores de infra-estruturas, educação dos utilizadores, gestão dos agentes), o que conduz a uma sobrecarga e a lacunas em certas áreas críticas. A educação financeira dos utilizadores, frequentemente delegada aos agentes, é inadequada devido à falta de formação especializada. Além disso, a fragmentação das responsabilidades reflecte a falta de planeamento sistémico e de uma visão comum, agravada por restrições orçamentais e institucionais. Os utilizadores, sobretudo nas zonas rurais, não conhecem os serviços ou têm relutância em utilizá-los por receio de fraude ou de custos ocultos.

É fácil constatar as tensões na afetação dos recursos que justificam a terceira preocupação deste estudo. O estudo mostra que os recursos disponíveis estão concentrados em iniciativas pontuais ou redundantes, sem uma verdadeira integração estratégica. Os operadores investem em campanhas publicitárias dispendiosas para atrair clientes, mas negligenciam o desenvolvimento de infra-estruturas sustentáveis em zonas remotas. Estas tensões ilustram uma falta de definição colectiva de prioridades, com cada interveniente a perseguir os seus próprios objectivos sem avaliar a sua compatibilidade com as necessidades a longo prazo do ecossistema. Consequentemente, persistem os desequilíbrios entre as zonas urbanas e rurais, agravando as desigualdades económicas e financeiras.

A última preocupação leva a considerar os problemas de confiança dos utilizadores. A desconfiança em relação aos sistemas de dinheiro móvel resulta de casos frequentes de fraude, da falta de transparência dos encargos e de uma fraca sensibilização. Muitos utilizadores partilham o seu PIN com agentes ou amigos em , aumentando o risco de acesso não autorizado (United States Agency for International Development, 2021). A confiança dos utilizadores é comprometida pela falta de uma estrutura coerente de proteção dos consumidores, um problema amplificado pelo desalinhamento das prioridades das partes interessadas. O resultado é uma aceitação limitada dos serviços de dinheiro móvel, em especial para transacções complexas como a poupança ou o crédito.

Aplicando a teoria de Christophe Providence, esta análise revela que os desafios à adoção do dinheiro móvel no Haiti não são apenas técnicos, mas profundamente institucionais e estruturados. As escolhas incompatíveis feitas pelos intervenientes (operadores, governo, ONG) amplificam as ineficiências e atrasam o progresso no sentido de uma inclusão financeira equitativa.

II- Base teórica para a inclusão financeira no Haiti

Para além da teoria das escolhas públicas incompatíveis de Christophe Providence (2022), outros modelos teóricos podem ser aplicados para analisar a adoção do dinheiro móvel e o seu impacto na inclusão financeira no Haiti. Estes modelos oferecem perspectivas adicionais sobre as interações entre actores, estruturas e utilizadores.

1- Teorias que podem ser utilizadas para compreender a inclusão financeira

A teoria da difusão da inovação (Rogers, 2003) oferece um quadro analítico interessante. Esta teoria explica como, porquê e a que ritmo uma inovação (como o dinheiro móvel) se espalha através de uma sociedade. Os utilizadores são categorizados como: inovadores, adoptantes iniciais, maioria inicial, maioria tardia e retardatários.

No Haiti, os jovens urbanos, mais instruídos e com acesso à tecnologia, são os primeiros a adotar o dinheiro móvel. Muitas vezes influenciam as comunidades rurais e marginalizadas a experimentar estes serviços. No entanto, existem dois obstáculos para a maioria e os adoptantes tardios: baixa literacia digital e desconfiança em relação aos sistemas financeiros digitais.

Outra teoria (Van Dijk, 2006) também se presta à análise da inclusão financeira no Haiti. Esta teoria explora as lacunas entre os grupos que têm acesso equitativo às tecnologias digitais e os que não têm, devido a factores socioeconómicos, geográficos ou culturais. Considere-se a divisão "urbano-rural", que explica porque é que as áreas rurais sofrem de acesso limitado à infraestrutura de telecomunicações, reduzindo a sua aceitação do dinheiro móvel. A clivagem económica também deve ser tida em conta: as famílias com baixos rendimentos têm relutância em adotar estes serviços devido aos custos de transação.

A teoria das capacidades (Sen, 2001) sublinha o desenvolvimento das liberdades e capacidades individuais para permitir que as pessoas realizem o seu potencial. Os serviços financeiros digitais, como o dinheiro móvel, são vistos como ferramentas para melhorar as liberdades económicas e sociais. Para desenvolver a capacidade económica no Haiti, o dinheiro móvel facilita o acesso ao crédito, às poupanças e às remessas, melhorando a capacidade das pessoas para gerir as suas finanças. No entanto, obstáculos como a falta de educação ou barreiras culturais limitam o acesso a estes serviços.

A teoria das Extremidades da Rede oferece um quadro de análise pertinente (Katz & Shapiro, 1985). Esta teoria postula que o valor de um serviço aumenta com o número de pessoas que o utilizam. Serviços como o dinheiro móvel tornam-se mais úteis e atractivos quando mais pessoas, comerciantes e instituições os adoptam. No Haiti, é necessário reforçar esta rede, encorajando os pequenos comerciantes, agricultores e microempresários a integrar o dinheiro móvel nas suas transacções. Os agentes e utilizadores urbanos podem influenciar as zonas rurais, demonstrando as vantagens dos serviços digitais. Para atuar eficazmente, podem ser adoptadas duas soluções:

- Oferecer incentivos financeiros aos retalhistas e às instituições locais

para promover a utilização do dinheiro móvel;

- Reforçar a interoperabilidade entre os diferentes operadores para

aumentar a perceção da utilidade da rede.

No contexto deste estudo, o modelo TAM (Technology Acceptance Model) pode ser de interesse (Davis, 1989). Este modelo examina os factores que influenciam a adoção de uma tecnologia, principalmente :

- Utilidade percebida: O grau em que uma tecnologia é percebida como sendo útil. benéfico.

- Facilidade de utilização percebida: O grau em que a tecnologia é percebida como fácil de utilizar.

Para uma aplicação no Haiti, há barreiras a ultrapassar. A primeira está relacionada com a perceção de utilidade (os utilizadores rurais podem não ver os benefícios imediatos dos serviços de dinheiro móvel) e a segunda com a facilidade de utilização (menus complexos e falta de literacia digital dificultam a adoção).

A teoria dos jogos pode ser utilizada para enriquecer esta análise inclusão financeira no Haiti (Osborne & Rubinstein, 1994). Esta teoria explora as interações estratégicas entre os vários intervenientes, modelando as suas decisões para maximizar os seus ganhos. No contexto do dinheiro móvel, os actores incluem os operadores de telecomunicações, os bancos, o governo e os utilizadores. Para tal, é necessário ter em conta não só a concorrência entre os operadores (os operadores têm relutância em colaborar para proteger a sua base de clientes), mas também a interação entre os intervenientes públicos e privados (os desalinhamentos entre os objectivos "lucro vs. inclusão social" podem conduzir a ineficiências).

Por último, a teoria dos ecossistemas de inovação perspectivas analíticas interessantes para o Haiti (Moore, 1996). Esta teoria encara a inovação como um sistema dinâmico em que actores interligados trabalham em conjunto para criar valor. Centra-se nas relações entre empresas, instituições públicas, utilizadores e fornecedores de tecnologia. No Haiti, podemos observar a falta de sinergia entre os actores, por exemplo. As ONG, os operadores de telecomunicações e as instituições públicas trabalham frequentemente em silos, limitando impacto global.

Estes modelos oferecem várias perspectivas para analisar e melhorar a adoção do dinheiro móvel no Haiti. Uma abordagem multidimensional, que integre a teoria da difusão da inovação, o TAM e a teoria dos jogos, poderia ajudar a ultrapassar os actuais desafios. Ao alinhar os interesses das partes interessadas e ao colocar o utilizador no centro dos esforços, seria possível acelerar a inclusão financeira, respondendo simultaneamente às especificidades locais.

2- Alguns exemplos (¡inclusão financeira no mundo

Seguem-se exemplos internacionais de projectos que conseguiram reforçar a inclusão financeira através da tecnologia digital, graças a iniciativas coordenadas e multi-sectoriais. Estas experiências podem inspirar a implementação de um plano nacional no Haiti.

a) Quénia: M-Pesa e inclusão financeira

Em 2007, a Safaricom lançou a M-Pesa, uma plataforma de dinheiro móvel, num país onde a maioria da população não tinha conta bancária.

Acções implementadas

1. Colaboração intersectorial :
- A Safaricom tem trabalhou com com ONGS, ONGs, bancos locais e os

governo para promover a adoção do M-Pesa ;
- Formação de redes de agentes locais para oferecer serviços

acessível, mesmo nas zonas rurais.

2. Tecnologia adaptada :
- Utilização do sistema USSD, disponível nos telefones básicos ;
- Desenvolvimento da interoperabilidade entre os bancos e a M-Pesa, a fim de

expandir os serviços financeiros.

3. Educação do utilizador :
- Campanhas de sensibilização nas línguas locais para explicar a

vantagens do dinheiro móvel.

Resultados obtidos :

96% dos agregados familiares quenianos têm agora acesso ao M-Pesa.

Melhoria da inclusão financeira, com um impacto direto na redução da pobreza.

As mulheres e os agricultores puderam aceder a instrumentos de microcrédito e de poupança.

b) Bangladesh: Dinheiro móvel com bKash

O bKash, lançado em 2011, democratizou os serviços financeiros digitais num país onde menos de 15% da população tem uma conta bancária.

Acções implementadas

1. Vasta rede de agentes :
- Formação de milhares funcionários para prestar serviços locais, mesmo nas zonas mais remotas.

nas zonas mais remotas.

2. Parceria com os bancos :
- Trabalhar com os bancos para gerir fundos e garantir a segurança

transacções.

3. Campanhas direcionadas:
- Sensibilização para a utilização dos serviços através da publicidade televisiva
e sessões comunitárias.

Resultados obtidos
- Mais de 50% da população utiliza o bKash para efetuar transferências de dinheiro,
pagamentos de facturas e poupanças.
- Aumento das oportunidades económicas graças ao acesso a
serviços financeiros digitais.

c) Estónia: e-Estónia (digHalisanon dos serviços públicos)
A Estónia digitalizou todos os seus serviços públicos para garantir o acesso universal
dos seus cidadãos.

Acções implementadas
1. Plataforma digital nacional :
- Criação de uma plataforma centralizada gerir as interações
entre os cidadãos e as instituições.
2. Formação e sensibilização :
- Formação digital obrigatória nas escolas para garantir que
todos os cidadãos têm literacia digital.
3. Identidade digital :
- Fornecer identidades digitais garantir o acesso aos serviços.

Resultados obtidos :
- Mais de 99% dos serviços públicos disponíveis em linha.
- Acelerar a adoção de ferramentas digitais por toda a força de trabalho
população.

Estes exemplos mostram que a redução do fosso digital exige uma combinação infra-estruturas sólidas, parcerias estratégicas e esforços educativos. Consequentemente, a inclusão financeira requer investimento em infra-estruturas rurais, colaboração intersectorial para formar redes de agentes locais e a adoção de soluções leves. O Haiti pode basear-se nestas experiências para soluções adaptadas ao seu contexto local, dando prioridade às zonas rurais e às populações vulneráveis.

- **II- Impactos do dinheiro móvel na inclusão financeira no Haiti**

A adoção do dinheiro móvel tem um impacto significativo na inclusão financeira no Haiti, oferecendo oportunidades para ultrapassar as limitações dos sistemas bancários tradicionais e promovendo uma melhor integração das populações marginalizadas no ecossistema financeiro (Agência dos Estados Unidos para o Desenvolvimento Internacional, 2021). Existem várias dimensões para estes impactos.

1- Implementação da inclusão financeira no Haiti

O dinheiro móvel dá às pessoas sem conta bancária, em especial às que vivem em zonas rurais e remotas, acesso a serviços financeiros essenciais. Os utilizadores podem abrir uma conta de dinheiro móvel simplesmente com um telemóvel, sem necessidade de uma agência bancária física. No Haiti, onde menos de 30% dos adultos têm uma conta bancária, o dinheiro móvel está a tornar-se uma solução fundamental para preencher esta lacuna (Grupo do Banco Mundial, 2019).

O dinheiro móvel também reduz o custo utilização de serviços financeiros em comparação com os bancos tradicionais. Os encargos com depósitos e transferências através do dinheiro móvel são muitas vezes inferiores aos cobrados pelos bancos. Isto significa que as populações com baixos rendimentos podem aceder a estes serviços sem incorrer nos custos proibitivos das instituições financeiras tradicionais.

Ao introduzir ferramentas financeiras simples, o dinheiro móvel incentiva uma melhor compreensão dos serviços financeiros. Os agentes de dinheiro móvel educam frequentemente os utilizadores sobre a forma de gerir as suas transacções. Isto contribui para uma melhoria gradual da literacia financeira em áreas onde a educação formal é limitada.

O dinheiro móvel está a ajudar a reduzir a diferença entre os sexos no acesso aos serviços financeiros. As mulheres, que frequentemente enfrentam barreiras no acesso aos serviços bancários tradicionais, podem utilizar o dinheiro móvel para poupar, receber pagamentos ou gerir fundos. Isto reforça a independência económica das mulheres e contribui para o seu empoderamento.

Na prática, o dinheiro móvel simplifica as transacções para os microempresários e as pequenas empresas, incentivando o seu desenvolvimento. Os comerciantes locais podem receber pagamentos digitais e evitar o manuseamento de grandes somas de dinheiro, reduzindo assim o risco de fraude.

Isto melhora o seu acesso aos clientes, mesmo em zonas remotas, e facilita a sua integração nas cadeias de valor formais.

O dinheiro móvel oferece uma alternativa segura e rápida para a transferência de fundos em tempos de crise. Durante o terramoto de 2010, por exemplo, as plataformas de dinheiro móvel desempenharam um papel fundamental na rápida distribuição de ajuda humanitária. Os agregados familiares vulneráveis podem receber fundos de emergência instantaneamente, aumentando a sua capacidade para fazer face a choques económicos.

Os serviços de dinheiro móvel alargam a sua cobertura a regiões onde não existem infra-estruturas bancárias. Recorrendo a agentes locais, as plataformas de dinheiro móvel oferecem serviços financeiros em zonas onde os bancos não estão presentes. Este facto ajuda reduzir o fosso "rural-urbano" no acesso aos serviços financeiros.

O dinheiro móvel simplifica e acelera as remessas nacionais e internacionais. Os haitianos na diáspora podem transferir dinheiro diretamente para as carteiras móveis dos seus entes queridos. As famílias beneficiam de transferências rápidas e seguras, muitas vezes a baixo custo, aumentando o seu poder de compra.

As plataformas de dinheiro móvel permitem aos utilizadores armazenar dinheiro de forma segura e desenvolver hábitos de poupança. As aplicações oferecem opções de poupança automatizadas ou contas de poupança específicas. Isto incentiva o planeamento financeiro a longo prazo, especialmente para as famílias com baixos rendimentos.

Ao tornar os serviços financeiros mais acessíveis, o dinheiro móvel reduz as desigualdades de acesso entre populações ricas e pobres. As populações marginalizadas, frequentemente excluídas dos bancos tradicionais, podem utilizar o dinheiro móvel para gerir as suas finanças. Isto ajuda a reduzir as disparidades económicas e a reforçar a coesão social.

Apesar destes impactos positivos, alguns desafios continuam a limitar o potencial do dinheiro móvel para a inclusão financeira:

Os custos continuam a ser elevados para determinadas transacções (levantamentos, transferências internacionais).

Baixa literacia digital nas zonas rurais ;

Falta de confiança nos sistemas digitais devido a preocupações com a segurança e a confidencialidade;

Cobertura desigual por parte dos agentes locais, deixando algumas zonas rurais mal servidas.

O dinheiro móvel representa um grande passo em frente para a inclusão financeira no Haiti. Preenche as lacunas deixadas pelos sistemas bancários tradicionais, ao mesmo tempo que oferece soluções inovadoras para poupanças, transferências de dinheiro e acesso ao crédito. Ao superar os desafios actuais através de políticas adequadas e parcerias estratégicas, o dinheiro móvel pode trazer uma transformação duradoura economia haitiana ao incluir as populações marginalizadas no sistema financeiro.

2- *A questão da interoperabilidadefinanciadores*

A interoperabilidade financeira, ou seja, a capacidade de diferentes sistemas de pagamento e plataformas financeiras trabalharem em conjunto sem problemas, é essencial para maximizar o impacto dos serviços de dinheiro móvel e promover a inclusão financeira. No Haiti, esta interoperabilidade enfrenta vários desafios importantes.

A regulamentação local nem sempre estabelece normas claras para obrigar ou encorajar os operadores a tornarem os seus sistemas interoperáveis. Cada operador (por exemplo, Digicel com MonCash) mantém plataformas fechadas, impedindo os utilizadores de transferir dinheiro entre diferentes serviços (Digicel Haiti, 2022). Será necessário adotar regulamentação específica para incentivar a interoperabilidade, assegurando simultaneamente um equilíbrio entre concorrência e colaboração.

Os operadores de telecomunicações vêem a interoperabilidade como uma ameaça à sua competitividade, uma vez que poderia facilitar aos clientes a mudança de um serviço para outro. Preferem soluções fechadas para manter os seus utilizadores, limitando assim a expansão dos serviços interoperáveis. Seria sensato encorajar os operadores a adotar modelos de partilha de receitas para compensar o receio de perder clientes.

A interoperabilidade infra-estruturas técnicas robustas e partilhadas, tais como sistemas comuns de compensação e portais de pagamento. Na ausência de tais infra-estruturas, cada operador investe nos seus próprios sistemas, criando ilhas tecnológicas isoladas. A BRH (tal como o banco central do país) poderia desenvolver uma plataforma nacional centralizada e interoperável, gerida por uma autoridade neutra.

A implementação da interoperabilidade exige um investimento inicial significativo para adaptar os sistemas existentes e garantir a sua compatibilidade. Os elevados custos envolvidos estão a travar a vontade dos operadores e das instituições financeiras de se empenharem nesta transição. O Estado poderia conceder subvenções ou incentivos fiscais para compensar os custos de implementação para os operadores.

Os utilizadores finais, sobretudo nas zonas rurais, têm frequentemente pouca confiança nos sistemas digitais, o que dificulta a sua adoção de serviços interoperáveis. Os esforços de interoperabilidade não atingir todo o seu potencial se os utilizadores tiverem relutância em efetuar transacções entre sistemas. Poderão ser lançadas campanhas de sensibilização para explicar os benefícios da interoperabilidade e reforçar a confiança dos utilizadores.

Há também o problema da fragmentação da rede de agentes. Os agentes de dinheiro móvel trabalham geralmente para um único operador, o que limita a sua capacidade de oferecer serviços interoperáveis. Consequentemente, os clientes têm de se deslocar a pontos de serviço específicos para efetuar transacções, o que limita a sua conveniência. Os agentes terão de ser formados e autorizados a gerir múltiplas plataformas, permitindo-lhes processar transacções interoperáveis.

Além disso, a interoperabilidade entre diferentes sistemas aumenta os pontos de entrada para ciberataques e fraudes, complicando a gestão da segurança. Os operadores receiam uma deterioração da sua reputação em caso de violação da segurança dos sistemas interligados. Cabe às autoridades públicas adotar normas de segurança comuns e reforçar a colaboração entre os operadores para evitar incidentes.

Uma grande parte da população haitiana, sobretudo nas zonas rurais, não compreende bem os conceitos financeiros e digitais. Os utilizadores podem ficar confusos com a interoperabilidade e ter dificuldade em navegar entre diferentes sistemas. Daí a necessidade de lançar campanhas de educação digital e financeira para ajudar os utilizadores a tirar o máximo partido dos serviços interoperáveis.

É certo que alguns bancos tradicionais vêem a interoperabilidade como uma ameaça ao seu modelo de negócio, receando perder o seu papel central no sistema financeiro. A sua resistência poderia abrandar a integração dos serviços bancários nas plataformas de dinheiro móvel. No entanto, os bancos continuam a ter de participar na conceção da interoperabilidade como parceiros essenciais.

Por último, o Governo haitiano e o Banco Central carecem por vezes dos recursos e das competências técnicas necessárias para dirigir um projeto de interoperabilidade em grande escala. A falta de liderança atrasa a coordenação entre os actores. A capacidade institucional deve ser reforçada através do apoio de organizações internacionais e de parcerias público-privadas.

A interoperabilidade financeira é uma condição essencial para maximizar o impacto dos serviços de dinheiro móvel na inclusão financeira no Haiti. No entanto, os desafios identificados exigem uma abordagem colaborativa e progressiva:

1. Adotar uma regulamentação baseada em incentivos (o Banco Central deve

interoperabilidade, garantindo simultaneamente um quadro competitivo);

2. Criar uma plataforma nacional partilhada (uma infraestrutura
(por exemplo, uma base de dados central, gerida por uma entidade neutra, para simplificar as transacções interoperáveis);

3. Oferecer incentivos financeiros (encorajar os operadores a colaborar através da compensação de parte dos custos de implementação);

4. Sensibilização dos utilizadores (lançamento de campanhas de sensibilização) comunicação sobre os benefícios da interoperabilidade) ;

5. Envolver todas as partes interessadas (bancos, operadores, ONG, etc.) no processo.

e o governo devem estar alinhados por objectivos comuns).

A interoperabilidade não só torna os serviços financeiros mais acessíveis, como também reforça a confiança nos sistemas digitais, abrindo caminho a uma verdadeira transformação económica no Haiti.

IV- Colmatar o fosso digital no Haiti: estratégias e recomendações

O fosso digital, definido como a diferença no acesso e na utilização das tecnologias digitais entre diferentes grupos socioeconómicos, geográficos ou demográficos, constitui um importante obstáculo ao desenvolvimento económico e social. No Haiti, este fosso é exacerbado por desafios estruturais como o acesso limitado à eletricidade, a fraca cobertura de rede e os baixos níveis literacia. Eis algumas estratégias concretas para reduzir este fosso.

1. *Melhorar a infraestrutura ¡digital*

O primeiro problema a resolver é a fraca cobertura das redes de telecomunicações nas zonas rurais e o acesso limitado à eletricidade, que dificulta a utilização das tecnologias digitais.

As soluções possíveis seriam :

a) Expansão das redes móveis (investir na instalação de torres de telecomunicações nas zonas rurais e incentivar os operadores a utilizar tecnologias de baixo custocomo as redes fixas 4G ou as redes de satélite);

b) Eletrificação fora da rede (promoção de soluções solares e de micro-redes nas zonas rurais para energia às famílias e às infra-estruturas de telecomunicações);

c) Parcerias público-privadas (incentivar a colaboração entre o governo, os operadores de telecomunicações e as organizações internacionais para partilhar custos e riscos).

Um segundo problema prende-se com o custo do acesso às tecnologias. Por exemplo, o elevado custo dos smartphones, dos dados móveis e dos serviços digitais limita a sua adoção pelas famílias com baixos rendimentos.

As soluções possíveis seriam :

a) Subsídios para smartphones (lançar programas de subsídios para tornar os smartphones acessíveis a um preço reduzido e incentivar a importação e distribuição de telefones básicos compatíveis com os serviços USSD);

b) Pacotes de dados a preços acessíveis (introduzir pacotes de dados móveis especialmente concebidos para as populações rurais e com baixos rendimentos e promover aplicações ligeiras que requerem poucos dados para funcionar);

c) Eliminação de impostos (redução ou eliminação de impostos sobre o equipamento TIC para reduzir o seu custo).

literacia digital e financeira é a terceira questão a considerar. Na realidade, trata-se do baixo nível compreensão das tecnologias digitais e dos serviços financeiros entre as populações rurais e sem instrução.

As soluções possíveis seriam :

a) de educação digital (integração de cursos de formação digital em escolas e centros comunitários e organização de workshops práticos para aprender a utilizar smartphones, aplicações de dinheiro móvel e outras ferramentas digitais);

b) Campanhas de sensibilização em crioulo (materiais didácticos e vídeos educativos em crioulo haitiano para chegar às populações locais):

c) Formação de agentes locais (reforço da capacidade dos agentes de dinheiro móvel para actuarem como educadores nas suas comunidades).

Um quarto problema é a falta de interoperabilidade entre os sistemas digitais. É essencial evitar a compartimentação dos serviços digitais, que limita a sua utilidade para os utilizadores finais. O desafio consiste em melhorar a utilidade das tecnologias digitais, aumentando assim a sua adoção pelos utilizadores.

As soluções possíveis seriam :

a) Interoperabilidade entre operadores de telecomunicações (permitindo transferências entre diferentes plataformas de dinheiro móvel, como a MonCash e a NatCash);

b) Normalização das plataformas (criar uma plataforma comum gerida por uma entidade neutra para centralizar as transacções digitais);

c) Colaboração entre instituições (promover parcerias entre bancos, operadores de telecomunicações e fornecedores de fintech para oferecer serviços integrados).

A falta de incentivos económicos à adoção digital é uma quinta questão a abordar. Por exemplo, as populações rurais e desfavorecidas nem sempre vêem os benefícios imediatos das tecnologias digitais.

As soluções possíveis seriam :

a. Programas de incentivo (oferecer recompensas aos novos utilizadores, como créditos gratuitos para as primeiras transacções de dinheiro móvel);

b. Subvenções para as PME (financiamento ajudar as microempresas a integrar ferramentas digitais nas suas actividades);

c. As redes de agentes móveis alargam as redes de agentes móveis para permitir que os utilizadores acedam facilmente aos serviços digitais).

Um sexto problema decorre da ineficácia das políticas públicas e da regulamentação. Há mesmo uma falta de políticas claras para coordenar os esforços de redução da fratura digital no Haiti.

As soluções possíveis seriam :

a) Plano nacional para a fratura digital (desenvolver uma estratégia nacional com objectivos mensuráveis para reduzir a fratura digital) ;

b) Regulamentação dos operadores (imposição de obrigações de cobertura universal aos operadores de telecomunicações) ;

c) Colaboração internacional (procura de ajuda   de   organizações iniciar e apoiar programas para reduzir a fratura digital).

Em suma, a redução do fosso digital no Haiti exige uma abordagem holística, que combine o investimento em infra-estruturas, programas educativos adequados e incentivos económicos específicos. Se forem enfrentadas simultaneamente as barreiras tecnológicas, económicas e culturais, é possível transformar o fosso digital numa oportunidade de desenvolvimento, acelerando simultaneamente a inclusão social e financeira.

V- Implementação de um plano nacional para reduzir a fratura digital no Haiti

A implementação de um plano nacional requer uma abordagem sistemática e inclusiva, envolvendo o governo, os operadores de telecomunicações, as instituições financeiras, as ONG e as organizações internacionais. Eis um quadro pormenorizado para a conceção e implementação de um tal plano.

1. A fase de planeamento permite :

a. Identificar objectivos primários claros (reduzir o fosso no acesso às tecnologias digitais entre as zonas urbanas e rurais; promover a inclusão social e financeira através da digitalização) e objectivos específicos (aumentar a cobertura da rede para 90% das zonas rurais no prazo de 5 anos; duplicar taxa de literacia digital entre as populações vulneráveis; reduzir em 50% o custo do equipamento digital para as famílias com baixos rendimentos);

b. Avaliar a situação atual em termos de infra-estruturas (identificar as regiões sem cobertura de rede ou de eletricidade), necessidades (avaliar o nível literacia digital e o acesso aos serviços digitais) e partes interessadas (enumerar os intervenientes, como o governo, os operadores de telecomunicações, as ONG e os doadores);

c. Desenvolver uma estratégia nacional (elaborar um quadro estratégico que defina as prioridades, os indicadores de desempenho e os recursos necessários) com componentes estratégicas (infra-estruturas digitais, acessibilidade financeira e literacia e sensibilização digitais).

2. A mobilização dos partidos preñantes pressupõe :

Coordenar os intervenientes públicos (que lideram as iniciativas, as políticas e asseguram a regulamentação), os operadores de telecomunicações e os fornecedores de acesso (que alargam as redes e oferecem serviços a preços acessíveis) e as ONG e organizações internacionais (que fornecem conhecimentos técnicos especializados, financiamento e programas no terreno) através de parcerias público-privadas (que criam um quadro de colaboração intersectorial para partilhar custos e riscos. Por exemplo, o governo financia as infra-estruturas rurais, enquanto os operadores asseguram a manutenção), apoiando-se simultaneamente na participação da comunidade (envolvendo os dirigentes locais e os representantes da comunidade na conceção e execução dos projectos, a fim de garantir a sua pertinência e aceitação).

3. *A implementação operacional requer :*

a. Desenvolvimento de infra-estruturas (instalação de torres de telemóveis em zonas não servidas; utilização de soluções alternativas como redes de satélite ou 4G fixas para zonas) e eletrificação rural (criação de micro-redes e sistemas solares para alimentar as infra-estruturas e os utilizadores);

b. Acessibilidade financeira através de subsídios para equipamentos (subsidiar smartphones ou oferecer telefones básicos adaptados aos serviços USSD) e custos de acesso reduzidos (oferecer pacotes de dados móveis de baixo custo nas zonas rurais);

c. Formação e sensibilização baseadas na literacia digital (criação de programas de educação digital nas escolas, centros comunitários e através de agentes móveis) e campanhas de sensibilização (utilizando os meios de comunicação locais [rádio, cartazes, redes sociais] para promover os benefícios da digitalização).

4. *A criação de um quadro regulamentar e de incentivos*

a. Regulamentação dos operadores, promovendo a obrigação de cobertura universal (exigindo que os operadores cubram uma percentagem mínima de zonas rurais) e a interoperabilidade (tornando obrigatória a compatibilidade entre os serviços de dinheiro móvel e outras plataformas digitais);

b. Incentivos fiscais (oferecendo isenções fiscais ou subsídios às empresas que investem em infra-estruturas rurais) ;

c. Proteção dos consumidores (introduzir legislação que garanta a transparência dos encargos e a segurança dos dados dos utilizadores).

5. *O sistema de controlo e avaliação*

a. Acompanhamento dos progressos (criar um sistema de acompanhamento em tempo real para avaliar os progressos das iniciativas, tais como as infra-estruturas instaladas, os utilizadores alcançados, etc.);

b. Indicadores-chave desempenho (percentagem de cobertura da rede; taxa de utilização dos serviços digitais nas zonas rurais; redução do custo médio de acesso às tecnologias).

c. Avaliações periódicas (auditorias independentes de 6 em 6 meses para identificar obstáculos e ajustar estratégias).

6. *Comunicação e promoção*

a. Partilhar os êxitos (documentar e partilhar os resultados positivos para motivar as partes interessadas e atrair novos parceiros);

b. Manter um diálogo público (organizar fóruns regulares entre o governo, as comunidades e as partes interessadas privadas para garantir a transparência e a adaptação contínua).

Exemplo concreto: Plano para o Haiti rural

1. Fase 1 (0-2 anos) :
* Mapeamento das necessidades prioritárias.
* Instalar infra-estruturas de base (redes móveis, energia solar).

- Lançar programas-piloto de educação digital.
2. Fase 2 (2-5 anos) :
- Alargar as infra-estruturas às restantes zonas.
- Oferecer subsídios para equipar escolas e centros
comunidade.
- Introduzir a interoperabilidade obrigatória entre operadores.
3. Fase 3 (5-10 anos) :
- Avaliar o impacto global e ajustar as políticas em conformidade.
- Integrar os serviços digitais em todos os sectores-chave (educação,
agricultura, comércio).

A implementação de um plano nacional para reduzir o fosso digital no Haiti é um processo ambicioso, mas essencial para estimular a inclusão social e económica. Ao seguir uma abordagem estruturada e colaborativa, o país pode não só reduzir as desigualdades digitais, mas também criar as condições para um desenvolvimento sustentável e equitativo.

Conclusão

O dinheiro móvel representa um grande passo em frente para a inclusão financeira no Haiti. Preenche as lacunas deixadas pelos sistemas bancários tradicionais, ao mesmo tempo que oferece soluções inovadoras para poupanças, transferências de dinheiro e acesso ao crédito. Ao superar os desafios actuais através de políticas adequadas e parcerias estratégicas, o dinheiro móvel pode trazer uma transformação duradoura economia haitiana ao incluir as populações marginalizadas no sistema financeiro.

A teoria da providência realça os desafios da atribuição de recursos num ambiente em que estes são limitados. No Haiti, as escolhas de afetação no ecossistema do dinheiro móvel levantam questões complexas:
- Investimento nas zonas rurais (os operadores de telecomunicações podem
hesitam em investir nas dispendiosas infra-estruturas necessárias para chegar às zonas rurais, por receio de uma rentabilidade imediata);
- Subsidiar serviços (as autoridades públicas podem desejar
subsidiar o custo acesso ao dinheiro móvel para as populações vulneráveis, enquanto os operadores procuram manter a sua rentabilidade);
- Formação do pessoal (recursos afectados à formação do pessoal)
pode ser insuficiente se os operadores, as ONG e os governos não chegarem a acordo sobre o seu financiamento).

A implementação de um plano nacional para reduzir o fosso digital no Haiti é um processo ambicioso, mas essencial estimular a inclusão social e económica. Seguindo uma abordagem estruturada e colaborativa, o país pode não só reduzir as desigualdades digitais, mas também criar as condições para um desenvolvimento sustentável e equitativo. O envolvimento destas partes interessadas de forma coordenada garante que os esforços para reduzir a fratura digital no Haiti serão sustentáveis e inclusivos. Cada parte dá uma contribuição essencial, seja em termos de financiamento, tecnologia ou mobilização da comunidade. O sucesso depende de uma estreita colaboração e de uma clara divisão de responsabilidades.

O envolvimento das comunidades locais é essencial para garantir o êxito e a sustentabilidade das iniciativas destinadas a reduzir a fratura digital. Ao envolver as populações locais no processo, os projectos tornam-se mais relevantes, aceites e sustentáveis. Além disso, ao adotar uma abordagem inclusiva e participativa, adaptada às necessidades locais, os projectos digitais podem ganhar relevância e impacto. Estes esforços devem parte de uma visão a longo prazo, em que as populações locais se tornam beneficiárias e agentes de mudança.

Bibliografia

1. Aker, J., & Mbiti, I. M. (2010). Mobile Phones and Economic Development in Africa. *Journal of Economic Perspectives*, 207-232.

2. Davis, F. D. (1989). Perceived Usefulness, Perceived Ease of Use, and User Acceptance of Information Technology. *MIS Quarterly*, 319-340.

3. Digicel Haiti. (2022). *Relatório anual MonCash*. Port-au-Prince: Digicel Haiti.

4. Grupo do Banco Mundial. (2019). *Capacidade financeira e inclusão no Haiti: resultados de um inquérito sobre a procura*. Washington: UKLAD.

5. Katz, M. L., & Shapiro, C. (1985). Network Externalities, Competition, and Compatibility. *The American Economic Review*, 424-440.

6. Moore, J. F. (1996). *The Death of Competition: Leadership and Strategy in the Age of Business Ecosystems*. Nova Iorque: HarperBusiness.

7. Osborne, M. J., & Rubinstein, A. (1994). *A Course in Game Theory*. Cambridge: MIT Press.

8. Providence, C. (2020). Ajuda ao desenvolvimento no Haiti: respostas paradoxais aos desequilíbrios territoriais. *Nouvelles Perspectives en Sciences Sociales*, 181-216.

9. Providence, C. (2022). *Os paradoxos da mudança no Haiti: política pública e desenvolvimento territorial*. Pointe-à-Pitre: Presses de l'Université des Antilles.

10. Rogers, E. M. (2003). *Diffusion of innovations*. Nova Iorque: The Free Press.

11. Sen, A. (2001). *Development as freedom*. Oxford: Oxford Up Elt.

12. Agência dos Estados Unidos para o Desenvolvimento Internacional. (2021). *Atividade de Financiamento Acessível no Haiti*. Washington: Conselho Mundial/USAID.

13. Van Dijk, J. A. (2006). Digital divide: Research, achievements and shortcomings. *Poética*, 221-235.

Uma abordagem imbricada para avaliar a eficácia dos sistemas de informação sobre saúde em Carrefour, Haiti

Sr. Jerry Rood LUBIN
Assistente de investigação no CRS-IUS no Haiti.
Dr. Christophe PROVIDENCE
Professor, investigador no CRS-IUS no Haiti.

Introdução

Os SIS são ferramentas cruciais para a gestão de dados médicos no sector da saúde. No entanto, a sua implantação em contextos com poucos recursos, como a comuna de Carrefour no Haiti, é frequentemente dificultada por factores socioeconómicos e organizacionais. A teoria do aninhamento (Providence, 2022) destaca as interações dinâmicas entre três níveis de análise:

- Técnica: Infra-estruturas e ferramentas tecnológicas ;
- Social: Utilizadores finais, suas competências e atitudes ;
- Organizacional: políticas, processos e estruturas.

Esta abordagem integradora permite-nos compreender como estas dimensões interagem para influenciar a eficácia SIS.

O Haiti enfrenta muitos desafios no sector da saúde. A sua situação geográfica complexa e o acesso limitado aos recursos agravam as dificuldades de prestação de cuidados adequados a toda a população. Estes condicionalismos tornam a melhoria do sistema de saúde particularmente difícil, devido ao isolamento de certas zonas e às disparidades no acesso aos serviços. O país continua a ser um dos mais vulneráveis do mundo às catástrofes naturais, principalmente furacões, inundações e terramotos (Banco Mundial, 2024), o que enfraquece as infra-estruturas de saúde, já de si insuficientes. Perante estes desafios, as necessidades em matéria de saúde só aumentam num contexto em que os recursos já são escassos.

A gestão dos registos médicos no país enfrenta frequentemente problemas como a perda de dados, a duplicação de esforços e a dificuldade em aceder rapidamente a informações médicas críticas. A falta de adoção generalizada tecnologias digitais no da saúde haitiano também limita o acesso aos potenciais benefícios da telemedicina, dos registos médicos electrónicos e de outras inovações da Saúde 4.0 (OPAS, 2024). Os profissionais de saúde e os pacientes ainda enfrentam desafios como o acesso limitado a dados médicos centralizados, atrasos na transmissão de informações críticas e lacunas na monitorização de doenças a nível nacional.

A adoção e a integração dos sistemas de informação sanitária continuam a ser desiguais em todo o país, com diferenças acentuadas entre as zonas urbanas e rurais. Carrefour, situada a $18^W32'$ de latitude norte e $72^W25'$ de longitude oeste, é uma das maiores comunas urbanas do país, localizada na área metropolitana de Port-au-Prince, a capital do Haiti. Apresenta um caso particularmente interessante para analisar a eficácia SIS num contexto em que os desafios associados à urbanização, à densidade populacional e ao acesso aos cuidados são particularmente pronunciados (Medicai Record System, 2017; Providence, 2022). Sendo uma zona urbana dinâmica, o município vê-se confrontado com necessidades crescentes em matéria de saúde pública, apesar de se distinguir por uma concentração de estruturas de saúde, incluindo hospitais públicos e privados e centros médicos modestos. Esta situação torna-o um local ideal para avaliar a eficácia dos sistemas de informação sanitária na gestão dos registos médicos electrónicos (EMR) e o seu impacto na qualidade dos cuidados.

Dada a fragilidade das infra-estruturas sanitárias, a otimização dos sistemas de informação sanitária para a gestão dos registos médicos coloca um certo número de desafios em termos de continuidade dos cuidados, de proteção dos dados e de acesso aos cuidados. Em que medida os SIS do município de Carrefour respondem às necessidades locais, adaptando-se aos desafios sociais, técnicos e organizacionais? Como é que o entrelaçamento destas dimensões pode orientar a melhoria das práticas?

A introdução e a otimização dos SIS podem potencialmente produzir melhorias significativas, racionalizando os processos, facilitando o acesso à informação médica e melhorando a coordenação dos cuidados. Esta integração poderá transformar a gestão dos registos médicos, contribuindo para uma prestação de cuidados mais eficiente e para uma melhor saúde pública (Wurster, et al., 2024). Para o efeito, serão prosseguidos três objectivos de investigação:

1. Identificar os desafios específicos a cada nível (técnico, social, organizacional);
2. Avaliar as suas interconexões e o seu impacto na gestão dos EMR;
3. Sugerir soluções para otimizar o SIS.

Este estudo propõe uma avaliação aprofundada efetividade dos sistemas de informação em saúde. Tem como objetivo explorar as práticas actuais de gestão dos registos médicos electrónicos no município de Carrefour, destacando as dinâmicas, oportunidades e possíveis inovações no contexto dos sistemas de informação em saúde (SIS). Explora várias dimensões, incluindo o estado infraestrutura tecnológica existente, as políticas públicas locais, o nível de competências pessoal de saúde e as implicações para a acessibilidade, integridade e confidencialidade dos dados médicos (Medicai Record System, 2017; Providence, 2022). Utilizando uma abordagem moderna, rigorosa e contextualizada, tem como objetivo compreender como estas ferramentas tecnológicas podem ser melhor integradas para satisfazer as necessidades dos profissionais de saúde e da população, as normas e padrões internacionais e as realidades locais (Providence, 2022).

O estudo baseia-se numa abordagem mista que combina a análise das práticas nos estabelecimentos de saúde locais, inquéritos sobre os instrumentos e métodos utilizados e a comparação com sistemas semelhantes em contextos internacionais. Os três locais estudados são :

1. Hópital Adventiste d'Haiti (HAH): Utilização de sistemas como o Afga e o FileMaker ;
2. Hospital Carrefour: Utilização do Otus CMS e do Microsoft Access ;
3. CLÍNICA DE SAÚDE E BEM-ESTAR: Predominância do Excel e dos arquivos em papel.

Este estudo avalia (I) a eficácia dos sistemas de informação sanitária (SIS) para a gestão dos registos médicos electrónicos (EMR) no Haiti (II) e, em particular, na comuna de Carrefour (III). Os resultados revelam desafios importantes ligados a uma interoperabilidade limitada, à ausência de um quadro jurídico e a uma infraestrutura tecnológica insuficiente (IV). São apresentadas recomendações estratégicas para melhorar os SIS, nomeadamente através da adoção de normas internacionais, da melhoria das infra-estruturas e da formação contínua do pessoal de saúde (V).

I. Criação de sistemas de informação no domínio da saúde

A digitalização dos hospitais e do sector da saúde em geral é uma questão importante e muito debatida no âmbito da política de saúde.

Uma comparação internacional das estratégias de saúde digital, realizada pela Fundação Bertelsmann, mostrou que, na Europa, a Estónia, a Espanha e o Reino Unido são países digitalmente avançados em termos de atividade política (por exemplo, financiamento estatal), preparação para a saúde digital (por exemplo, intercâmbio eletrónico de dados de saúde) e utilização efectiva (por exemplo, elevada adoção de registos de saúde electrónicos) (Beckmann, et al., 2021). A experiência da Estónia e do Barém constitui uma referência valiosa para as iniciativas globais de saúde digital apoiadas pela Organização Mundial de Saúde (OMS), ilustrando a viabilidade e os benefícios de uma transição para sistemas de informação de saúde sofisticados (Grupo do Banco Mundial, 2015).

A saúde digital, muitas vezes referida como "saúde 4.0" ou "saúde conectada", representa uma revolução na prestação de , baseada em avanços tecnológicos como a inteligência artificial, a Internet das Coisas (IoT), a análise de grandes volumes de dados e sistemas informáticos inovadores. Engloba todas as práticas médicas que integram as tecnologias da informação e da comunicação (TIC) para melhorar a prevenção, o diagnóstico, o tratamento e a gestão dos cuidados de saúde (Xavier, 2017). Inclui uma gama de soluções que vão desde os registos médicos electrónicos até à telemedicina, promovendo uma abordagem integrada e eficiente da gestão da informação de saúde. Tem o potencial de revolucionar os cuidados de saúde, dando aos doentes mais controlo sobre a sua saúde, capacitando-os e transformando a relação médico-doente, melhorando assim o acesso aos cuidados (Topol, 2016).

Os registos médicos electrónicos (EMR) são vistos como um elemento-chave na transformação digital do sistema de saúde. A implementação de um EMR promete várias melhorias, por exemplo em termos de disponibilidade de informação, coordenação de cuidados ou segurança do doente, e é necessária para a análise de megadados (Wurster, et al., 2024). Este EMR é considerado "um registo eletrónico da informação de cuidados de saúde de um indivíduo que é criado, recolhido, gerido e acedido por clínicos e pessoal autorizado dentro de uma organização de cuidados de saúde", e substitui a documentação clínica interna em fichas de papel pré-impressas (Wurster, et al., 2024).

Os registos médicos electrónicos (EMR) desempenham um papel fundamental na melhoria da qualidade, segurança e eficiência dos cuidados de saúde. Com a sua crescente implementação, a documentação informatizada produzida diretamente pelos prestadores de cuidados de saúde tende a tornar-se o meio preferido para produzir documentos clínicos narrativos (Patners in health, 2013). Esta documentação detalha a história do doente, a sua situação clínica atual e o plano de cuidados estabelecido, constituindo uma base essencial para o acompanhamento médico e a tomada de decisões informadas. Todos os membros da equipa clínica recorrem a esta documentação para partilhar uma visão comum do doente, enquanto os departamentos administrativos exploram estas histórias para cumprir os requisitos de conformidade regulamentar e justificar os benefícios dos cuidados de saúde. A documentação é um instrumento de informação que molda a forma como os serviços de saúde são descritos e justificados, como as decisões médicas são registadas e como os médicos comunicam entre si. Promovem a tomada de decisões partilhada e são vistas como um meio importante de prestar cuidados de saúde de elevado valor (Vos, Boonstra, Kooistra, Seelen, & Offenbeek, 2020).

A transição para registos médicos electrónicos através de sistemas de informação sobre cuidados de saúde melhoraria a gestão da informação médica, reduziria o risco de erros médicos e facilitaria a comunicação entre os vários intervenientes no sector dos cuidados de saúde. Tal contribuiria para melhorar a qualidade global dos cuidados e reforçar a continuidade dos tratamentos. Esta transformação digital do sistema de saúde é considerada essencial para responder aos desafios actuais e futuros da sociedade, como o envelhecimento da população e o aumento dos custos dos cuidados de saúde, mantendo simultaneamente uma elevada qualidade dos cuidados e uma maior maturidade digital (Wurster, et al., 2024).

Em consonância com estes avanços, a Organização Mundial de Saúde (OMS) incentiva ativamente a adoção de sistemas de informação de saúde eficazes à escala mundial e promove uma abordagem colaborativa destinada a normalizar as práticas e a assegurar a interoperabilidade dos sistemas para uma gestão eficaz dos dados de saúde (Organização Mundial de Saúde, 2013). A gestão das doenças é uma das principais preocupações do país. Os sistemas de informação sanitária permitiriam a recolha, a análise e a partilha rápida de dados de saúde, reforçando a capacidade de responder eficazmente a situações de emergência. A monitorização em tempo real das tendências epidemiológicas facilitaria uma resposta rápida e coordenada para minimizar o impacto na saúde pública.

A introdução e a otimização dos sistemas de informação sanitária no Haiti constituem uma etapa crucial para modernizar o sector da saúde e responder aos desafios específicos com que o país se depara. O interesse destes empreendimentos gira em torno de múltiplas dimensões que visam melhorar o acesso aos cuidados, reforçar a gestão das doenças (ou epidemias), otimizar a utilização dos recursos limitados e adaptar as práticas às realidades culturais e sociais (OPAS, 2024). Esta adaptabilidade é um elemento-chave. Ao ter em conta as particularidades locais e ao envolver ativamente as comunidades, os sistemas de informação sanitária podem ser moldados para satisfazer as necessidades específicas do Haiti (OPAS, 2024). Uma abordagem que respeite as normas culturais a aceitação do sistema e promove a sua eficácia.

A colaboração entre profissionais de saúde de diferentes disciplinas é vista como um fator-chave para a obtenção de cuidados de saúde de elevada qualidade. Atualmente, os sintomas de muitos doentes, em especial os que sofrem de doenças crónicas, são complexos e exigem frequentemente a colaboração de profissionais de saúde de diferentes especialidades médicas. Para colaborar eficazmente, é necessário partilhar conhecimentos e competências, integrar informações e trabalhar como uma equipa de saúde coesa, muitas vezes em locais diferentes (Vos, Boonstra, Kooistra, Seelen, & Offenbeek, 2020).

Assim, a saúde digital e os sistemas de informação em matéria de saúde estão a introduzir uma nova linguagem informática no domínio da medicina, com o objetivo de otimizar a eficácia dos cuidados, garantindo simultaneamente a confidencialidade e a segurança dos dados de saúde. Esta convergência entre a medicina e as TI está a criar um cenário inovador, redefinindo a prestação de cuidados de saúde na era da conetividade digital (Organização Mundial de Saúde, 1997).

II. O Haiti e a saúde digital

Atualmente, o Haiti está a uma distância significativa da era da saúde digital e transição para a Saúde 4.0. Os avanços tecnológicos que caracterizam esta nova era, com o seu potencial transformador para os cuidados de saúde, continuam a ser um horizonte distante para o país. Para esta realidade contribuem vários factores complexos, como a ausência de um sistema de informação de saúde plenamente operacional a nível nacional. Isto resulta numa fragmentação dos dados médicos, limitando a capacidade de ter uma visão global da saúde da população. A coordenação dos cuidados de saúde entre as diferentes regiões do país continua a ser um desafio, dificultando a prestação de cuidados de saúde coerentes e coordenados.

Nos arquivos em papel, prevalecia um método tradicional de armazenamento de de saúde, em que eram utilizados ficheiros físicos para registar os dados médicos dos doentes. Estes registos eram frequentemente arquivados manualmente, o que tornava a recuperação e a análise dos dados laboriosa e propensa a erros. Além disso, esta abordagem expunha os dados a vários riscos, como a perda em caso de incidentes, como inundações ou incêndios, e a deterioração devido ao desgaste do papel. A falta de um acompanhamento adequado constituía igualmente um problema importante, uma vez que era difícil traçar o historial médico dos doentes e assegurar a continuidade dos cuidados. Esta fragmentação dos dados conduzia frequentemente a uma perda de coerência no tratamento médico e dificultava a coordenação entre os profissionais de saúde, comprometendo a qualidade dos cuidados de saúde globais (Medicai Record System, 2017). Assim, o sistema de gestão dos registos de saúde em papel no Haiti tinha muitos inconvenientes e limitava a eficácia e a eficiência dos cuidados de saúde no país.

Confrontado com estes desafios únicos no sector da saúde, o Haiti assistiu ao aparecimento de uma variedade de soluções tecnológicas, cada uma com as suas próprias inovações e complexidades. Desde os seus primórdios até à sua configuração atual, os SIS do Haiti passaram por uma série de transformações, adaptações e desafios. Apesar dos esforços do governo e de certos organismos internacionais, persistem vários desafios. As tecnologias utilizadas têm frequentemente de ser adaptadas às necessidades específicas de cada estabelecimento de saúde.

Algumas instituições implementaram SIS concebidos para gerir registos médicos electrónicos a nível local, oferecendo uma abordagem individualizada que cobre simplesmente as suas necessidades internas (OPAS, 2024). Embora eficazes a nível institucional, estes sistemas podem por vezes carecer de interoperabilidade dentro da instituição ou com outras instituições, criando desafios para a partilha de informações entre as partes interessadas nos cuidados de saúde. Esta diversidade de cobertura levanta questões sobre a coerência das práticas e normas a nível nacional.

No plano jurídico, o artigo 323º do Código Penal haitiano estabelece as obrigações dos profissionais de saúde em matéria de confidencialidade dos dados médicos: "Os médicos, cirurgiões e outros agentes de saúde, bem como os farmacêuticos, as parteiras e todas as outras pessoas a quem, pelo seu estatuto ou profissão, sejam confiados segredos que, exceto nos casos em que a lei os obrigue a agir como delatores, revelem esses segredos, serão punidos com pena de prisão de um mês a um ano" (Le Parlement Hai'tien, 1835). Embora este artigo faça referência à proteção, segurança e confidencialidade das informações médicas, fá-lo de uma forma geral e não explícita. Com efeito, os pormenores das medidas específicas a adotar para garantir esta proteção não estão claramente definidos.

Além disso, não existe atualmente no Haiti qualquer legislação relativa ao desenvolvimento de tecnologias médicas, à inovação e à aplicação de novas tecnologias neste domínio. Embora estas tecnologias possam melhorar os procedimentos de gestão da informação propostos pelo Ministério da Saúde Pública e da População, nomeadamente a recolha de dados, não existe um quadro jurídico específico que regule a sua adoção e utilização (OPAS, 2024).

O Haiti, enquanto nação que enfrenta desafios socioeconómicos persistentes, apresenta um cenário complexo em que os sistemas de informação sobre saúde interagem com uma miríade de variáveis económicas, sociais e culturais (Providence, 2022). Em primeiro lugar, os recursos financeiros disponíveis para investir em infra-estruturas de cuidados de saúde são limitados, o que leva a desafios na implementação de soluções tecnológicas sofisticadas e na obtenção de acesso universal a serviços de saúde digitais. Além disso, as desigualdades económicas exacerbadas pela pobreza criam disparidades no acesso aos sistemas de informação sobre saúde, com as populações vulneráveis a terem frequentemente menos oportunidades de explorar plenamente estas ferramentas para a sua saúde (Medicai Record System, 2017).

Em segundo lugar, a dinâmica social, cultural e educativa também influencia a forma como os sistemas de informação sobre saúde são percepcionados e utilizados. As normas sociais em matéria de saúde, as crenças culturais e as práticas tradicionais de cuidados desempenham um papel importante na aceitação e adoção dos sistemas de informação sanitária pela população. Em terceiro lugar, a infraestrutura física e tecnológica disponível no Haiti também apresenta desafios para o desenvolvimento e a utilização dos SIS. de eletricidade, os problemas de acesso à Internet e a infraestrutura de comunicações limitada podem dificultar a implementação de soluções digitais (OPAS, 2024). Além disso, disponibilidade de competências técnicas e de recursos humanos qualificados para conceber, gerir e os SIS é um desafio num contexto em que os recursos já são limitados.

Durante os inquéritos realizados, observou-se que as instituições utilizam uma variedade de aplicações em diferentes estações de trabalho para registar os dados médicos dos doentes. Cada estação de trabalho pode utilizar uma aplicação separada para gerir aspectos específicos dos cuidados, como a clínica externa, a radiologia, o laboratório ou a faturação, o que resulta na dispersão da informação por vários sistemas independentes.

Apesar da utilização de certas tecnologias digitais, estas instituições continuam a praticar o método tradicional de recolha de dados em papel. Os registos médicos, os resultados dos exames e as notas clínicas são muitas vezes registados manualmente antes de serem transcritos para um dispositivo digital local ou remoto. Este processo híbrido, embora facilite uma certa forma de digitalização, introduz redundâncias e aumenta o risco de erros. A persistência deste método duplo - manual e digital - coloca desafios em termos de coerência e integridade dos dados. A transcrição de dados em papel para suportes digitais pode estar sujeita a erros de introdução e a omissões. Além disso, a falta de integração entre as diferentes aplicações utilizadas em cada posto de trabalho dificulta a consolidação da informação médica, limitando assim a eficácia dos cuidados e a qualidade da gestão dos doentes.

Os dados foram recolhidos em três (3) instituições importantes da comuna de Carrefour, nomeadamente o Hòpital adventiste d'Haiti, o Centre Hospitalier de Carrefour e Health and Wellness CLINIC, cada um com práticas específicas relacionadas com a utilização de sistemas de informação em saúde e com diferentes níveis de adoção e implementação, o que permite avaliar a sua eficácia em contextos diversos.

III. Fragmentação dos sistemas de informação sanitária no Carrefour

A metodologia é diretamente inspirada na teoria da imbricação (Providence, 2022), examinando cada nível de forma independente e analisando simultaneamente as suas interações. Ao centrar-se na integração destes sistemas na prestação de cuidados de saúde, o objetivo é examinar a forma como as tecnologias digitais podem melhorar a gestão dos dados médicos, analisar a sua eficácia no tratamento de grandes quantidades de dados e, assim, contribuir para uma melhor qualidade dos cuidados neste domínio específico, garantindo simultaneamente a integridade e a confidencialidade das informações médicas.

Situada a cerca de 10 km de Port-au-Prince, a capital do Haiti, Carrefour é uma área urbana em rápida expansão. No entanto, este rápido crescimento é acompanhado por grandes desafios socioeconómicos que afectam a capacidade do sistema de saúde local para responder eficazmente às necessidades da população. Estes factores contextuais têm um impacto direto na gestão dos cuidados de saúde e dos dados médicos. Demograficamente, Carrefour é um dos municípios mais densamente povoados da região (Providence, 2022), o que amplifica os desafios associados à gestão dos registos médicos electrónicos. Apesar destes desafios, Carrefour destaca-se pela concentração de várias instituições de saúde. Essa diversidade institucional fornece uma base interessante para observar a dinâmica do setor de saúde em um ambiente urbano em expansão.

A população-alvo deste estudo são os profissionais de saúde diretamente envolvidos na utilização de sistemas de informação de saúde (SIS) para gerir registos médicos electrónicos (EMR). Estes intervenientes desempenham um papel fundamental na gestão quotidiana dos serviços de saúde e a sua experiência e conhecimentos especializados são essenciais para avaliar a eficácia e o impacto destes sistemas na qualidade dos cuidados. Os participantes incluem uma grande variedade perfis profissionais, incluindo médicos, enfermeiros e administradores ou técnicos especializados em informática médica. Esta diversidade permite analisar a utilização dos SIS de diferentes ângulos, tendo em conta as especificidades e as necessidades de cada grupo profissional no contexto da gestão dos registos médicos electrónicos.

Os profissionais de saúde que são objeto deste estudo trabalham em diversos estabelecimentos de saúde, desde hospitais públicos e privados a centros médicos de menor dimensão. Estes diferentes tipos de estabelecimentos oferecem uma perspetiva abrangente sobre a implementação e utilização de sistemas de informação numa variedade de contextos de cuidados de saúde. Estes profissionais foram selecionados com base no seu papel ativo na utilização dos sistemas de informação em saúde (SIS), o que garante que as respostas recolhidas estão diretamente relacionadas com a experiência real dos utilizadores dos sistemas nas suas práticas profissionais.

Além disso, seleção dos participantes teve também em conta o seu conhecimento dos processos clínicos associados à utilização dos SIS nas respectivas instituições. Esta abordagem permite recolher informações valiosas sobre os desafios encontrados e as melhores práticas adoptadas para melhorar a eficácia dos sistemas de informação de saúde na gestão dos registos médicos electrónicos.

Neste contexto, foi essencial assegurar que médicos, enfermeiros e técnicos de informática, que interagem com os sistemas de informação em saúde de formas específicas, estivessem todos adequadamente representados. Deste modo, aumentámos a precisão dos resultados obtidos, tendo em conta as diferentes perspectivas profissionais sobre a utilização dos sistemas de informação em saúde, e assegurámos uma visão abrangente e matizada da eficácia dos sistemas de informação em saúde na gestão dos registos médicos electrónicos no município de Carrefour.

Durante os inquéritos, foram concebidos dois guiões de entrevista para estruturar as discussões com os profissionais de saúde envolvidos na utilização dos sistemas de informação em matéria de saúde (SIS). Estes guiões foram utilizados para orientar as discussões, oferecendo ao mesmo tempo flexibilidade suficiente para permitir uma exploração aprofundada das experiências e percepções de cada participante. O objetivo era compreender como cada profissional, de acordo com o seu papel, percebe e interage com estes sistemas no contexto dos cuidados de saúde. Através da utilização de guiões de entrevista bem definidos, foi possível recolher informação valiosa sobre as várias perspectivas destes actores, ao mesmo tempo que se promoveu uma abordagem mais livre e espontânea por parte dos mesmos. Este método permitiu captar uma diversidade de opiniões e experiências, proporcionando uma base de dados rica e variada que reflecte as múltiplas facetas da utilização dos SIS em ambiente hospitalar.

No decurso das entrevistas, surgiram vários conceitos recorrentes que realçaram os aspectos mais cruciais dos sistemas de informação no domínio dos cuidados de saúde. Entre eles, os desafios associados infra-estruturas informáticas, as questões de segurança dos dados a gestão dos registos médicos electrónicos. Estes elementos foram estudados em termos do seu impacto na qualidade dos cuidados de saúde. Para além dos aspectos técnicos e organizacionais, os participantes também discutiram os desafios encontrados na utilização quotidiana dos sistemas, incluindo obstáculos relacionados com a formação, os recursos e a adaptação dos sistemas às realidades locais.

Para garantir a qualidade dos dados, todas as entrevistas foram transcritas. Isto facilitou uma análise mais aprofundada das trocas, permitindo investigadores revisitar elementos-chave e comparar respostas em diferentes momentos. As transcrições foram utilizadas para extrair os pontos de vista mais relevantes, preservando a nuance de cada expressão.

contexto desta investigação, foi cuidadosamente selecionada uma amostra de instituições de saúde para permitir uma recolha de dados diversificada e representativa. Cada instituição, desde os grandes hospitais aos centros de saúde mais pequenos, deu um contributo essencial para a avaliação dos sistemas de informação sanitária (SIS) na comuna de Carrefour. Esta diversidade de instituições permitiu captar uma série de perspectivas, promovendo uma compreensão mais completa do panorama da saúde nesta região.

O objetivo desta seleção foi assegurar uma abordagem qualitativa, centrada nas experiências dos profissionais de saúde em diferentes tipos de contextos. Cada instituição forneceu informações detalhadas sobre a implementação e utilização de registos médicos electrónicos (EMR) e os desafios únicos que enfrentam na adoção de sistemas de informação. Como tal, este estudo tem como objetivo compreender, para além dos números, as realidades e os contextos locais específicos.

As experiências contrastantes observadas nestas instituições forneceram um quadro rico e variado das práticas de gestão das REM. Algumas instituições dispunham de infra-estruturas tecnológicas avançadas, enquanto outras enfrentavam grandes limitações em termos de recursos e equipamento. Estas diferenças revelaram variações significativas na adoção e utilização dos SIS, ao mesmo tempo que evidenciaram obstáculos comuns enfrentados por estes estabelecimentos.

Esta análise comparativa foi essencial para captar as nuances da gestão da informação sanitária no Carrefour. Ao examinar a forma como o SIS é integrado e utilizado nas diferentes instituições, o estudo trouxe à luz semelhanças e diferenças que esclarecem as práticas actuais. Por exemplo, algumas instituições adoptaram as tecnologias digitais de forma mais fluida, enquanto outras encontraram resistência devido a desafios organizacionais ou logísticos.

A escolha destas instituições reflecte a vontade de ter em conta a diversidade das estruturas de saúde presentes no município. Ao ter em conta a dimensão das instalações, as capacidades tecnológicas e o acesso aos recursos digitais, este estudo fornece uma representação equilibrada dos desafios encontrados nos diferentes níveis do sistema de saúde. Estes elementos contextuais são essenciais para uma compreensão aprofundada da eficácia dos sistemas de informação em saúde.

Ao analisar esta diversidade, o estudo pretende ainda evidenciar os factores que facilitam ou dificultam a adoção dos RME, tendo em conta as diferenças demográficas, socioeconómicas e organizacionais das instituições estudadas. Os resultados obtidos permitem, assim, comparar as abordagens e soluções implementadas em diferentes estabelecimentos, oferecendo uma visão das boas práticas e das áreas a melhorar.

O método qualitativo adotado permitiu recolher dados pormenorizados, não só sobre a infraestrutura técnica, mas também sobre as percepções dos profissionais de saúde relativamente à utilidade e à eficácia dos SIS. Isto permitiu captar relatos pessoais, opiniões e sugestões que não teriam surgido num estudo quantitativo mais geral.

Este estudo oferece um olhar aprofundado a os SIS influenciam a gestão no Carrefour, ao mesmo tempo que fornece informações valiosas para futuras iniciativas destinadas a melhorar o sistema de saúde no Haiti. A combinação das diferentes experiências e dos dados recolhidos nestes estabelecimentos permite efetuar uma análise comparativa, contribuindo ao mesmo tempo para a formulação de recomendações práticas adaptadas às realidades locais.

Gráfico 1. Comparação da utilização dos sistemas manual e digital em Carrefour

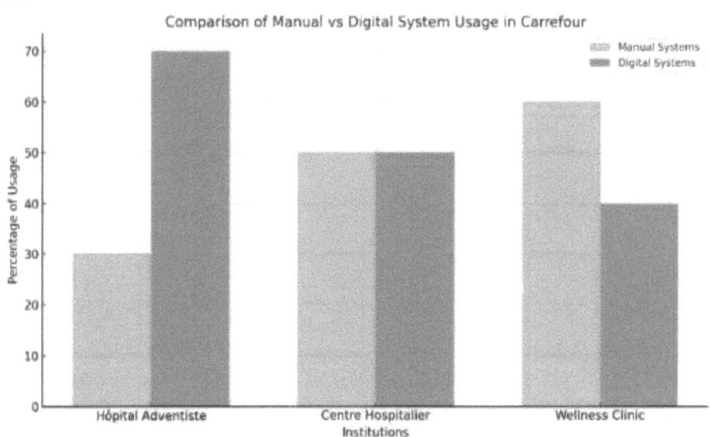

Fontes: Inquérito dos autores em 2024

Este gráfico compara a utilização de sistemas manuais e digitais em três instituições de saúde em Carrefour e ilustra a fragmentação dos sistemas e a dependência persistente dos métodos tradicionais.

Gráfico 2. Desafios identificados no SIS do Carrefour

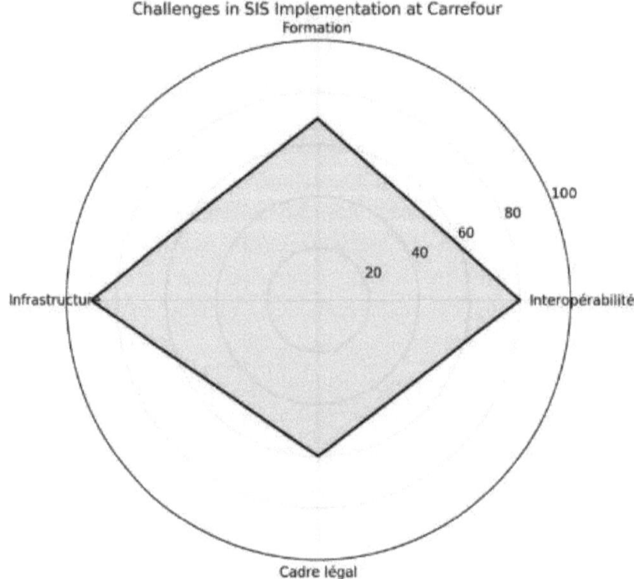

Fontes: Inquérito dos autores em 2024

Este gráfico de radar destaca os principais desafios que se colocam à criação de SIS (interoperabilidade, formação, infra-estruturas, quadro jurídico) e a sua gravidade relativa.

1. *Interoperabilidade*

Os sistemas utilizados nas diferentes instituições não podem trocar dados sem problemas. Não existem normas comuns para os formatos de dados. As soluções possíveis seriam :

- normas como a FHIR (Fast Healthcare Interoperability Resources) para normalizar os formatos de dados;
- Criar uma infraestrutura centralizada onde todos os estabelecimentos partilhem dados;
- Formação do pessoal técnico em normas de interoperabilidade para integrar os sistemas existentes.

2. *Formação do pessoal*

A falta de competências do pessoal hospitalar na utilização e gestão dos SIS constitui um sério desafio. Além disso, a implementação de uma solução viável deve ter em conta a resistência das partes interessadas à mudança tecnológica. As soluções possíveis incluem

• Organizar seminários regulares sobre a utilização de ferramentas digitais (Microsoft Access, FileMaker, etc.);
• Informar o pessoal sobre as vantagens do SIS na redução da resistência;
• Envolver peritos internacionais ou regionais para supervisionar o pessoal local.

3. *Infra-estruturas*

A falta de dispositivos digitais (computadores, servidores), a limitação das ligações à Internet e os frequentes cortes de eletricidade não facilitam a criação do SIS. Neste caso, as soluções possíveis seriam :

• Modernizar o equipamento com com terminais para cada estação de trabalho
e servidores seguros;
• Instalar soluções energéticas, como painéis solares, para compensar os cortes de eletricidade;
• Combine o armazenamento local e remoto para garantir o acesso aos dados em caso de falha.

4. *Quadro jurídico*

A ausência de legislação específica para proteger os dados médicos e regulamentar a utilização tecnologias constitui um obstáculo importante. As soluções possíveis seriam :

• Elaborar legislação que garanta a confidencialidade, a integridade e a segurança dos dados médicos;
• Incorporar regras claras para proteger o SIS contra ciberataques;
• Introduzir orientações para incentivar o desenvolvimento e a adoção de tecnologias da saúde.

5. *Acesso e utilização de dados*

A dificuldade que os médicos e os doentes têm em aceder aos registos em tempo real constitui um grave problema em termos de qualidade dos cuidados de saúde. Isto deve-se ao facto de os dados estarem frequentemente incompletos ou mal consolidados, o que impossibilita a prestação de cuidados inteligentes aos doentes. Neste caso, as soluções possíveis seriam :

• Desenvolver uma interface de utilizador simples para aceder a dados médicos em tempo real;
• Ligar todos os serviços (laboratório, radiologia, clínica) numa única plataforma;
• Mehre em rnuvre sistemas com sincronização no tempo sincronização para
evitar a redundância.

Estas recomendações, combinadas com um forte compromisso institucional, podem transformar a utilização dos SIS no Carrefour, melhorando a qualidade dos cuidados e a gestão dos dados médicos. A falta de normalização técnica limita a interação com outros níveis, nomeadamente sociais (competências dos utilizadores) e organizacionais (falta de uma política comum). Estes factores sociais amplificam as limitações técnicas, agravando os erros nos dados e os atrasos nos cuidados. Os desafios organizacionais também enfraquecem os esforços técnicos e sociais, criando um ambiente em que as iniciativas digitais têm dificuldade em prosperar.

Os HIS desempenham um papel central na saúde digital global, uma gestão eficiente dos dados médicos. No entanto, a sua adoção no Carrefour é dificultada por factores socioeconómicos, tecnológicos e culturais.

A eficácia do SIS no Carrefour é limitada por deficiências estruturais e tecnológicas. No entanto, aplicando as soluções propostas, é possível melhorar significativamente a gestão do EMR e a qualidade dos cuidados. Os ensinamentos retirados de casos internacionais podem servir de guia para uma transformação adaptada ao contexto haitiano.

IV. Análises qualitativas desenvolvidas pelo SIS no Carrefour

Para desenvolver as análises qualitativas deste estudo, vou aprofundar as observações e percepções colhidas junto aos atores envolvidos (profissionais de saúde, administradores e técnicos) nas instituições de saúde do Carrefour. Essas análises serão centradas nas dimensões técnica, social e organizacional, de acordo com a teoria do entrelaçamento.

Figura 3: Diagrama circular que mostra a distribuição dos impactos entre erros médicos e atrasos

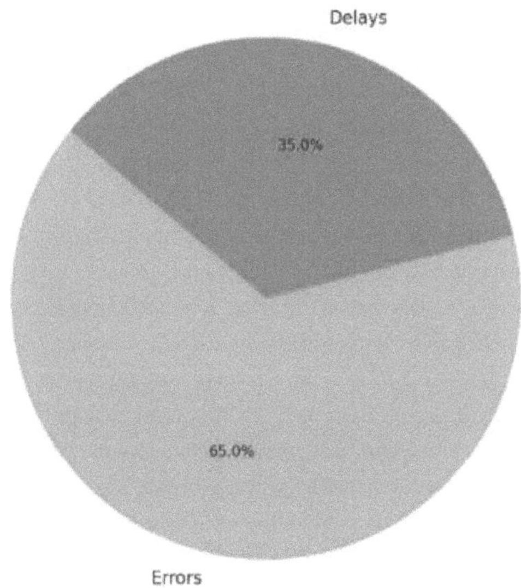

Fontes: Inquérito dos autores em 2024

1. Nível técnico: Fragmentação dos sistemas

As instituições utilizam uma combinação sistemas (Microsoft Excel, Otus CMS, FileMaker) que não comunicam entre si. Em 60% dos casos, os dados médicos são inicialmente recolhidos em papel antes de serem transcritos, o que aumenta o risco de erros. Os frequentes cortes de eletricidade limitam o acesso às ferramentas digitais, dificultando a continuidade dos cuidados.

A fragmentação tecnológica dificulta a fluidez dos fluxos de informação, criando silos de dados dentro de cada instituição. Os utilizadores queixam-se da lentidão das ferramentas, nomeadamente quando dados médicos em arquivos não consolidados em papel ou digitais. A falta de consolidação dos dados dificulta a análise epidemiológica e o planeamento estratégico a nível local. Isto explica como as deficiências tecnológicas amplificam as frustrações dos utilizadores, limitando a sua adoção dos SIS.

2. Nível social: competências e atitudes dos utilizadores

Apenas 30% dos utilizadores inquiridos receberam formação específica sobre as ferramentas digitais utilizadas. Uma parte significativa do pessoal prefere os sistemas em papel, alegando que são mais rápidos e mais fiáveis num contexto de avarias frequentes. A dupla introdução de dados (em papel e digital) aumenta a carga administrativa, criando stress adicional.

A relutância dos utilizadores em adotar sistemas digitais é exacerbada pela falta de formação e de apoio técnico. A perceção de que as ferramentas digitais aumentam a carga de trabalho reflecte uma desconfiança em relação à sua eficácia e fiabilidade. Estas atitudes sublinham a necessidade de apoio contínuo, não só técnico mas também psicológico, para reduzir a resistência à mudança. As atitudes dos utilizadores são também influenciadas pela falta de orientações claras e de apoio institucional.

3. Nível organizacional: Quadro jurídico e processos

Cada instituição desenvolve os seus próprios protocolos de gestão de dados, sem coordenação nacional. Não existem orientações claras para os profissionais de saúde sobre a gestão e a proteção dos dados médicos. Os orçamentos insuficientes impedem a aquisição e a manutenção de tecnologias modernas.

A falta de um quadro regulamentar reforça a fragmentação organizacional, com processos não normalizados entre instituições (Providence, 2022). Os gestores administrativos reconhecem que a falta de financiamento é um grande obstáculo à adoção das tecnologias digitais. Sem uma visão estratégica partilhada a nível local e nacional, os esforços individuais das instituições são ineficazes para resolver os desafios globais. A falta de uma infraestrutura centralizada é um exemplo claro de como as instituições não conseguem trabalhar em conjunto de forma coerente.

Estas análises qualitativas aprofundadas enriquecem esta investigação, destacando as percepções e as interações humanas que influenciam a eficácia do SIS em Carrefour. Com o objetivo de melhorar os Sistemas de Informação Sanitária (SIS) no município de Carrefour, apresenta-se aqui uma análise das ferramentas existentes e das melhorias necessárias a cada nível, com base nas observações e nos resultados do estudo. Com estas melhorias, o SIS de Carrefour pode tornar-se um modelo para a gestão de dados médicos em contextos semelhantes, optimizando a qualidade dos cuidados e a eficiência dos processos.

V. Possíveis soluções digitais

Para resolver os desafios identificados e melhorar os Sistemas de Informação de Saúde (SIS) no Carrefour, eis alguns exemplos concretos de ferramentas tecnológicas que podem ser adaptadas ao contexto local. Estas ferramentas são selecionadas com base na sua capacidade de satisfazer as necessidades específicas dos SIS, sendo simultaneamente acessíveis e compatíveis com ambientes com poucos recursos (Medicai Record System, 2017; Patners in health, 2013).

1. Plataforma integrada para a gestão de registos médicos electrónicos (EMR)

OpenMRS (Sistema de Registo Médico Aberto)

Porquê escolher :

- Sistema de origem Onen, concebido para ambientes com poucos recursos;
- Permite a personalização de acordo com as necessidades locais;
- Oferece uma funcionalidade robusta para gestão de EMR, interoperabilidade e análise de dados.

Vantagens :
* Gratuito, com uma grande comunidade de apoiantes;
* Possível integração com ferramentas de saúde pública, como o DHIS2.
Modo de utilização :
* Pent centraliza os dados médicos das instituições Carrefour.
DHIS2 (Software de Informação Sanitária Distrital 2)
Porquê escolher :
* Sistema de gestão dos dados omitidos amplamente utilizado nos países em desenvolvimento;
* Ideal para monitorização e gestão de dados em grande escala.
Vantagens :
* Visualização de dados em tempo real através de dashboards;
* Compatível com ferramentas como o OpenMRS para um sistema integrado.
Modo de utilização :
* Acompanhamento dos principais indicadores de saúde (mortalidade, vacinação, etc.) para o Carrefour.

2. *Normas e interoperabilidade*

FHIR (Fast Healthcare Interoperability Resources)
Porquê escolher :
* Norma internacional para o intercâmbio de dados de saúde ;
* Facilita a interoperabilidade entre várias ferramentas e sistemas.
Vantagens :
* Flexível e compatível com sistemas como o OpenMRS e o DHIS2 ;
* Adequado para contextos que exigem a comunicação entre várias instituições.
Modo de utilização :
* Integrar FHIR como padrãopara o intercâmbio de   de   dados entre os instituições.

3. *Proteção e acessibilidade*

Google Workspace para cuidados de saúde
Porquê escolher :
* Plataforma de nuvem acessível para armazenar dados médicos;
* Seguro e em conformidade com as normas internacionais, como a HIPAA.
Vantagens :
* Fornece acesso em tempo real aos dados;
* Colaboração mais fácil entre profissionais de saúde através do Google Docs, Sheets, etc.
Modo de utilização :
* Utilize o Google Drive para efetuar cópias de segurança de dados de instituições locais.
AWS HealthLake
Porquê escolher :
* Solução em nuvem especialmente concebida para gerir dados de cuidados de

saúde;
* Compatível com as normas FHIR.

Vantagens :
* Elevada fiabilidade e segurança ;
* Análise avançada de dados com recurso à inteligência artificial.

Modo de utilização :
* Centralizar e analisar os dados de saúde no Carrefour.

4. *Interfaces de utilizador e aplicações móveis*

CommCare

Porquê escolher :
* Aplicação móvel de código aberto para recolha e gestão de dados de saúde;
* Concebido para ambientes com poucos recursos.

Vantagens :
* Funciona em modo não-liga, com sincronização automática de dados;
* Utilizado para a gestão de casos e a recolha de dados no terreno.

Modo de utilização :
* Para os agentes de saltos comunitários do Carrefour, o lem permite a recolha de dados em tempo real.

M'Hero

Porquê escolher :
* Ferramenta de comunicação bidirecional entre as autoridades sanitárias e os profissionais de saúde ;
* partilhar alertas em tempo real e recolher feedback.

Vantagens :
* Funciona em telemóveis básicos através de SMS;
* Pode ser integrado no DHIS2.

Modo de utilização :
* Para enviar notificações e coordenar actividades entre estabelecimentos de saúde.

5. *Visualização e análise de dados*

Tabela

Porquê escolher :
* Poderosa ferramenta de visualização de dados ;
* Permite criar criar tabelas   de   painéis de controlo painéis   de controlo para analisar   os

Desempenho do SIS.

Vantagens :
* Fácil de utilizar com dados de várias fontes;
* Compatível com bases de dados como o OpenMRS.

Modo de utilização :
* Analisar as tendências dos dados médicos no Carrefour.

Power BI

Porquê escolher :

- Ferramenta Microsoft para análise de dados ;
- Ideal gerar relatórios automáticos.

Vantagens :
- Fácil integração com o Excel, frequentemente utilizado nas instituições locais.

Modo de utilização :
- Melhorar a produção de relatórios a partir dos sistemas de gestão existentes.

6. *Formação e sensibilização*

LearnDash

Porquê escolher :
- Plataforma de e-learning que pode ser personalizada para necessidades específicas.

Vantagens :
- Permite o acompanhamento dos progressos dos utilizadores e a avaliação da sua aprendizagem.

Modo de utilização :
- Formação do pessoal médico na utilização de novas ferramentas digitais.

OpenWHO

Porquê escolher :
- Plataforma de formação gratuita oferecida pela OMS.

Vantagens :
- Cursos adaptados a vários contextos, incluindo a saúde digital.

Modo de utilização :
- Sensibilização dos profissionais de saúde do Carrefour para as melhores práticas no domínio da saúde digital.

Estes instrumentos podem ser introduzidos gradualmente para maximizar a adoção e minimizar os custos iniciais. A sua eficácia dependerá também da integração estratégica e do apoio institucional permanente. Por exemplo, o OpenMRS, um sistema de registo médico eletrónico (EMR) de fonte aberta, oferece uma série de vantagens significativas para o sector da saúde no Haiti, em particular na comuna de Carrefour.

Conclusão

A eficácia do SIS no Carrefour depende de uma melhor integração das dimensões técnica, social e organizacional. Com base na teoria do entrelaçamento, este estudo propõe uma abordagem integradora para superar os desafios identificados. Inspiradas em histórias internacionais de sucesso, estas recomendações podem orientar a transformação dos SIS no Haiti no sentido de uma melhor gestão dos EMR e de uma melhoria dos cuidados.

A teoria da imbricação revela que as falhas SIS do Carrefour não podem ser resolvidas de forma isolada. Por exemplo:
- A adoção de um sistema técnico de elevado desempenho (como o FHIR) exige políticas organizacionais sólidas e formação adequada;
- Aslacunas sociais, tais tais como resistência à mudança, limite

a eficácia dos investimentos técnicos.

A análise realizada no âmbito deste estudo realça a importância estratégica dos sistemas de informação em saúde (SIS) na gestão dos registos médicos electrónicos e na melhoria da qualidade e da continuidade dos cuidados. Estas ferramentas digitais desempenham um papel central na recolha, gestão e interpretação de dados médicos, ao mesmo tempo que promovem a tomada de decisões informadas por parte dos profissionais de saúde. No entanto, no contexto do município de Carrefour, a implementação dos SIS é dificultada por desafios estruturais, tecnológicos e humanos, limitando o seu potencial para transformar os cuidados de saúde a longo prazo.

A falta de interoperabilidade entre os estabelecimentos, as incoerências dos dados recolhidos e a insuficiência das políticas de gestão digital foram identificadas como obstáculos importantes. Estas deficiências comprometem não só a fluidez dos intercâmbios de informação, mas também a coordenação entre os diferentes actores envolvidos no percurso dos cuidados. Além disso, existem questões relacionadas com a segurança e a proteção dos dados médicos dos doentes.

Para responder aos desafios colocados, é essencial reforçar as infra-estruturas tecnológicas e promover políticas claras em matéria de governação digital. A tónica deve ser colocada na formação dos profissionais de saúde, na criação de mecanismos de interoperabilidade sólidos através da aplicação de normas comuns, como a FHIR, e no desenvolvimento de quadros regulamentares adequados. Estas iniciativas poderão transformar os SIS em verdadeiros motores progresso, contribuindo para uma melhor integração dos cuidados, menos erros médicos e cuidados mais personalizados para os doentes.

Esta investigação lança as bases para uma reflexão mais aprofundada sobre a transição para uma saúde digital sustentável e equitativa. Os resultados apelam a novas investigações, nomeadamente sobre os mecanismos de adoção e utilização dos SIS em contextos semelhantes. Este trabalho poderia inspirar estratégias globais destinadas a reforçar os sistemas de saúde no Haiti, integrando simultaneamente as dimensões socioculturais e tecnológicas específicas de cada contexto.

Bibliografia

1. Banco Mundial, G. (2024, 6 de novembro). O Banco Mundial no Haiti. Recuperado em 9 de dezembro de 2024, de World Bank Group: https://www.banquemondiale.org/fr/country/haiti/overview

2. Beckmann, M., Dittmer, K., Jaschke, J., Karbach, U., Köberlein-Neu, J., & Nocon, M. (2021). Registro eletrônico do paciente e seus efeitos nos aspectos sociais da colaboração interprofissional e fluxos de trabalho clínicos em hospitais (eCoCo): um protocolo de estudo de métodos mistos. BMC Health Services Research. doi:10.1186/s12913-021-06377-5

3. Embi, P. J., Weir, C., Efthimiadis, E. N., Thielke, S. M., Hedeen, A. N., & Hammond, K. W. (2013). Documentação informatizada do provedor: descobertas e implicações de um estudo multisite de médicos e administradores. doi: 10.1136 / amiajnl-2012-000946

4. Grupo do Banco Mundial. (2015, 02 de fevereiro). Reforma do sector da saúde: o Barém segue o exemplo da Estónia. Retrieved from https://www.banquemondiale.org/fr/news/feature/2015/02/02/lessons-from-estoniahow-bahrain-is-looking-to-improve-its-healthcare

5. O Parlamento haitiano. (1835). Código Penal da República do Haiti. Port-au-Prince: Le Moniteur.

6. Sistema de Registo Medicai (2017, 17 de abril). Parceiros em saúde EMR do Haiti. Recuperado em 29 de novembro de 2020, de OpenMRS.

7. Organização Mundial de Saúde. (1997). Informática no domínio da saúde e telemedicina - EB99/30. Organização Mundial de Saúde.

8. Organização Mundial da Saúde. (2013). Resolução sobre a normalização e interoperabilidade da saúde em linha - WHA66.24. Bruxelas: Organização Mundial da Saúde.

9. Organização Mundial de Saúde. (2021). Estratégia global de saúde digital 2020-2025. Organização Mundial da Saúde.

10. OPAS. (2024, 22 de setembro). Perfil do país Haiti. Recuperado em 11 de junho de 2024, de Pan Americana Americana Organização: https://hia.paho.org/en/countries-22/haiti-country-profile

H.Patners in health (2013, 13 de julho). EMR de código aberto: um novo modelo para cuidados de saúde baseados em evidências no Haiti. Recuperado em 21 de novembro de 2024, de Patners in health.

12. Providence, C. (2022). Os Paradoxos da Mudança no Haiti: Políticas Públicas e Desenvolvimento Territorial. Pointe-à-Pitre: Presses Universitaires des Antilles.

13. Topol, E. (2016). O paciente vai vê-lo agora: o futuro da medicina está nas suas mãos. Nova Iorque: Basic Books; edição ilustrada.

14. Vos, J. F., Boonstra, A., Kooistra, A., Seelen, M., & Offenbeek, M. v. (2020). A influência do uso de registros eletrônicos de saúde na colaboração entre especialidades especialidades médicas. BMC Health Serv Res. doi: https://doi.org/10.1186/s12913-020-05542-6

15. Wurster, F., Beckmann, M., Cecon-Stabel, N., Dittmer, K., Hansen, T. J., Jaschke, J., . Karbach, U. (2024). A implementação de um prontuário médico eletrônico em um hospital alemão e a mudança na integridade da documentação. Longitudinal Document Analysis.

16. Xavier, C. (2017). Santé 4.0. Paris: Georg Éditeur.

Transformação digital e educação

Definição do contexto para a segunda parte

Transformação digital e educação

A educação é um dos domínios em que a transformação digital pode ter um impacto mais profundo, não só através da modernização das práticas de ensino, mas também da redução das desigualdades no acesso à aprendizagem. No Haiti, onde os desafios sistémicos, como as infra-estruturas educativas inadequadas, a má formação dos professores e as disparidades geográficas, limitam o acesso a uma educação de qualidade, as tecnologias da informação e da comunicação (TIC) estão a emergir como uma alavanca essencial para transformar o sector. No entanto, esta transição digital está a ter lugar num contexto marcado por um fosso digital que reflecte e agrava as desigualdades socioeconómicas existentes.

Contexto e questões

O papel das TIC no ensino superior é cada vez mais reconhecido como uma condição necessária para melhorar a qualidade do ensino e preparar os alunos para as exigências de uma sociedade globalizada e digital. No entanto, no Haiti, a integração das TIC nos estabelecimentos de ensino continua a ser desigual. Confrontados com um acesso limitado à Internet, equipamento inadequado e falta de formação em competências digitais, os estudantes e os professores têm dificuldade em explorar todo o potencial das ferramentas tecnológicas.

O fosso digital no Haiti vai para além das infra-estruturas. Inclui lacunas nas competências, na capacidade de utilizar pedagogicamente as tecnologias e no acesso aos recursos digitais. Estas desigualdades têm um impacto direto no desempenho académico dos alunos e na capacidade dos professores para modernizarem as suas práticas. Consequentemente, a educação no Haiti encontra-se num momento crucial, em que a adoção estratégica das TIC pode reduzir os obstáculos à aprendizagem e, ao mesmo tempo, alargar as oportunidades para as populações marginalizadas.

Objectivos do jogo

Esta segunda parte do livro explora o impacto das TIC na educação no Haiti, centrando-se nas disparidades acesso, nas percepções e práticas dos professores e nas estratégias para uma transformação educativa sustentável. Os seus capítulos analisam :

1. O impacto do fosso digital no desempenho académico dos estudantes, salientando como as desigualdades no acesso digital se traduzem em lacunas nos resultados académicos;

2. As percepções e práticas dos professores universitários em relação à integração das TIC, identificando oportunidades e obstáculos à adoção destas tecnologias;

3. Avenidas para uma transformação digital sustentável, destacando soluções para reforçar as infra-estruturas, as competências e a gestão digitais nos estabelecimentos de ensino.

Abordagem e articulação

As análises apresentadas nesta secção baseiam-se numa combinação de métodos quantitativos e qualitativos, incluindo inquéritos de campo e estudos de caso. Baseiam-se tanto em teorias sociais, como a teoria da desigualdade educativa de Pierre Bourdieu, como em modelos de integração pedagógica das TIC. Esta dupla abordagem proporciona uma compreensão matizada das dinâmicas em jogo e permite-nos formular recomendações concretas adaptadas contexto haitiano.

Ao explorar estas questões, esta secção revela que as TIC podem desempenhar um papel fundamental na modernização da educação no Haiti, mas apenas se forem tomadas medidas estratégicas para colmatar o fosso digital e apoiar professores e estudantes. Salienta também que a transformação digital no ensino superior exige uma abordagem de colaboração entre o governo, as instituições de ensino e os parceiros internacionais para garantir uma transição inclusiva e sustentável.

As TIC no ensino superior: impacto do fosso digital no desempenho académico
Rachelle CHARLES
Assistente de investigação no CRS-IUS no Haiti.
Dr. Jean Rony GUSTAVE
Investigador associado, CRS-IUS d'Haiti.

Introdução

O ambiente educativo atual apresenta caraterísticas específicas que obrigam os alunos a assumir as suas responsabilidades no processo de aprendizagem. A integração progressiva da tecnologia digital na educação levou os actores educativos a adaptarem-se para responder a este novo contexto e aos novos desafios que revolucionaram o acesso ao conhecimento e a pedagogia associada. A chamada transformação digital está a "alterar a organização tradicional das situações de ensino e de aprendizagem. A utilização de produtos informáticos conduz certamente a uma rutura com as unidades de tempo, de ação e de lugar da formação tradicional" (Blamont 99). A questão dos mecanismos de integração da tecnologia no ensino superior também foi levantada.

No Haiti, por exemplo, "as tecnologias da informação e da comunicação foram fortemente promovidas no sector da educação, nomeadamente através dos esforços da Université d'État d'Haiti (UEH) e de numerosos organismos públicos e privados nacionais e internacionais [...]" (Jean-Jacques e Oxiné 344). A adoção de ferramentas tecnológicas na educação suscita, no entanto, uma reflexão sobre a pedagogia do ensino num contexto digital e a transformação que ela implica. Esta transição é acompanhada de dificuldades de integração efectiva das TIC no sistema educativo, nomeadamente em contextos vulneráveis onde o acesso às ferramentas tecnológicas continua a ser limitado.

Quer em termos de práticas de ensino, pedagogia ou governação educativa, as instituições educativas adaptar-se e a posicionar-se em relação à tecnologia digital. Em função das suas competências, dos recursos disponíveis e das perspectivas de integração das tecnologias digitais, alguns estabelecimentos têm um nível integração mais elevado do que outros. Esta heterogeneidade na integração e utilização das tecnologias digitais cria um fosso que afecta todas as partes interessadas, nomeadamente os estudantes, em termos utilização eficaz das ferramentas, de desenvolvimento de competências digitais e, em última análise, dos seus resultados académicos.

Os objectivos deste trabalho são avaliar a integração da tecnologia digital nas práticas de ensino, analisando a governação, a pedagogia digital e os impactos e desafios da transformação digital. Explora também as relações entre as disparidades digitais e o sucesso académico nestas instituições de ensino superior (IES).

Foram formuladas as seguintes hipóteses: (1) a utilização de ferramentas tecnológicas nas IES melhora as competências dos estudantes na aquisição de conhecimentos académicos; e (2) aqueles que beneficiam de uma formação adequada em competências digitais têm mais probabilidades de sucesso académico num contexto de transformação digital.

Para realizar este trabalho, foi utilizada uma dupla abordagem qualitativa e quantitativa, que permite uma compreensão mais completa e matizada dos fenómenos estudados, com objetivo de apreender a complexidade do comportamento dos actores envolvidos. Por um lado, a dimensão qualitativa inclui um inventário das práticas pedagógicas actuais, uma avaliação dos recursos disponíveis, uma exploração do nível de integração digital e uma análise da forma como a fratura digital se manifesta de um aluno para outro. A análise tem igualmente em conta determinantes sociais específicas, fornecendo assim uma visão detalhada do contexto da integração digital. Por outro lado, a dimensão quantitativa da investigação centrou-se na avaliação do sucesso académico em relação ao nível de acesso à tecnologia, através da utilização de um inquérito por questionário.

A amostragem probabilística estratificada foi utilizada para selecionar as instituições de ensino superior (IES), distinguindo entre instituições públicas (UEH) e privadas, respeitando os critérios de inclusão, incluindo a integração digital a diferentes níveis. A amostragem não probabilística foi utilizada para selecionar a população-alvo, incluindo pessoal administrativo/docente, estudantes, etc.

Os dados foram recolhidos de 23 de julho a 20 de agosto de 2024 em quatro (4) IES na comuna de Jacmel, a área geográfica do estudo. Jacmel está localizada no sudeste do Haiti e é a capital do país. De acordo com os dados do Institut Hai'tien de Statistique et d'Informatique (IHSI), a população era de 187 253 pessoas em 2015 (A.-L. Kem).

O sistema educativo de Jacmel é composto por estabelecimentos públicos e privados. No que respeita ao ensino superior e profissional, a cidade dispõe de vários estabelecimentos especializados, incluindo uma dezena de IES (públicas, privadas, UEH). Nos anos 80, a maior parte dos jovens estudantes da cidade tinha de se deslocar a Port-au-Prince ou sair do país, muitas vezes para a República Dominicana, para prosseguir os seus estudos superiores, apesar de já existirem algumas ofertas na cidade.

No entanto, nos últimos anos, a oferta de cursos universitários em Jacmel aumentou consideravelmente, em resposta à procura crescente e às dificuldades de mobilidade para a capital do país. Apesar deste aumento da oferta, existem ainda limitações, nomeadamente no que diz respeito à integração das tecnologias digitais no ensino superior, o que justifica a escolha de Jacmel como área de estudo para esta investigação.

I. Compreender a fratura digital através do prisma de Pierre Bourdieu e do conectivismo

As teorias sociais da educação de Pierre Bourdieu sublinham o carácter social da educação, mostrando como a educação muda com a sociedade (René). Em primeiro lugar, salienta a arbitrariedade cultural da ação educativa, que favorece certas normas e códigos sociais e linguísticos que, por sua vez, valorizam o capital cultural das classes dominantes. As classes dominantes têm mais facilidade em adquirir e mobilizar o capital cultural valorizado pela instituição educativa, o que reforça a sua posição de poder e de privilégio social. Esta teoria é ainda mais interessante à luz dos factores de sucesso de Christophe Michaut, nomeadamente a forma como os estudantes estudam (utilização ou não de tecnologias digitais), o contexto que estudam (pedagogia) e as suas condições de vida (recursos financeiros) têm impacto no seu progresso e desempenho académicos (Michaut).

Partindo do pressuposto de que a fratura digital terá repercussões no desempenho académico do estudante, as disparidades relativas de y contribuirão assim para agravar as desigualdades que se perpetuam no contexto das instituições universitárias, dadas as diferenças de integração digital.

Os avanços tecnológicos e a forma como são incorporados nos métodos de ensino universitário obrigam os estudantes a desenvolver e a utilizar capacidades de adaptação. No seu artigo de 1959, *The School class as a social system*, citado por (Khôi), Parsons mostra como, numa sociedade tecnologicamente avançada como a dos Estados Unidos, a escola se tornou o principal agente de socialização e de seleção. Ela interioriza nos alunos os valores gerais da sociedade, as competências e as atitudes que são condições prévias essenciais para o desempenho dos seus futuros papéis. Os progressos tecnológicos e a sua integração nos métodos de ensino universitário obrigam os estudantes a desenvolver e a mobilizar as competências necessárias para se adaptarem.

E dependendo do seu nível de adaptação, comparado por Parsons a um agente de seleção, os alunos atingirão ou não um determinado nível académico. De facto, evidenciam diferenças nas possibilidades de sucesso dos alunos provenientes de diferentes meios socioeconómicos. Se estas desigualdades sociais não forem abordadas, correm o risco de constituir um obstáculo à integração e à utilização efectiva das ferramentas digitais, essenciais para uma educação inclusiva e adaptada aos desafios contemporâneos.

Enquanto as teorias sociais da educação de Bourdieu destacam as desigualdades sociais como um obstáculo ao acesso equitativo à educação e, por conseguinte, às Tecnologias da Informação e da Comunicação para a Educação (TIC4E), em particular através do capital económico, cultural e social, o conectivismo realça a importância crescente da tecnologia digital como alavanca para a aprendizagem num mundo interligado. O conectivismo é uma teoria da aprendizagem que realça o papel das redes sociais e das tecnologias móveis na facilitação da aprendizagem. Stephen Downes citado por (Jean Evulu).

Esta abordagem, proposta por George Siemens e Stephen Downes no início dos anos 2000, defende que a aprendizagem não se limita a uma pessoa ou a um ambiente de aprendizagem tradicional, mas é vista como um processo distribuído em que os indivíduos interagem com o seu ambiente e com os outros.

Como refere Siemens, na era digital, o conectivismo representa modelo de aprendizagem que tem em conta as transformações tectónicas da sociedade, onde a aprendizagem já não é uma atividade interna individualista (Bates). Nesta perspetiva, as ligações entre indivíduos, ideias, recursos e conceitos são vistas como essenciais para a aprendizagem. Sublinha igualmente o facto de a aprendizagem não se limitar à interação humana, podendo também envolver dispositivos não humanos.

II. As TIC no ensino superior: entre a integração, a transformação e a transição digital

Quer seja no Haiti, no Canadá, em França ou nos Estados Unidos, a integração das novas tecnologias na educação, nomeadamente no ensino superior, e os desafios colocados pela tecnologia digital não são uma questão de indiferença e não podem certamente ser deixados ao acaso. É necessário sensibilizar os actores envolvidos para as questões e o impacto das tecnologias digitais, bem como para as estratégias e a vontade política necessárias a uma integração eficaz. Trata-se de integrar no processo de ensino e aprendizagem ferramentas digitais como computadores, tablets, software educativo, aplicações em linha, virtuais de aprendizagem e outros dispositivos tecnológicos.

O impacto da tecnologia na educação é um tema complexo e muito debatido. Por um lado, os defensores argumentam que integração da tecnologia pode melhorar a eficácia da aprendizagem, enquanto, por outro lado, os críticos apontam preocupações como a dependência excessiva da tecnologia, as desigualdades de acesso aos recursos tecnológicos e, por vezes, o potencial efeito de distração. Alguns autores, como Stéphanie Roussel e Levy Pierre, sublinham que o ensino deve substituir a tecnologia, enquanto outros, como Mangenot François, Bernard Cornu e Jean-Pierre Véran, defendem que é necessário ir além da utilização da tecnologia nos estabelecimentos de ensino e acompanhar a tecnologia digital com um projeto pedagógico.

Mangenot François, Eddie Playfair e Jeong Kim, por seu lado, argumentam que y há muitos desafios relacionados com esta transformação e que, neste caso, é importante colocar a pedagogia no centro e deixá-la ser enriquecida pela tecnologia. Assim, uma transição sustentável para integração de ferramentas digitais no ensino superior implica encontrar um equilíbrio com os métodos de ensino tradicionais. Para tal, é necessária uma abordagem estratégica e ponderada, em que as tecnologias sejam integradas de uma forma que apoie efetivamente os objectivos educativos.

E embora a integração da tecnologia digital na educação seja um primeiro passo importante, abre caminho a uma transformação mais profunda, em que a tecnologia se torna uma alavanca para a mudança ao serviço da educação. A transformação digital é um conceito complexo que engloba uma variedade de aspectos e não pode ser reduzido a uma definição homogénea ou unidimensional.

Representa um conjunto de mudanças importantes nas práticas educativas e mesmo na forma como se encara a aprendizagem e o ensino. No contexto deste trabalho, considerar-se-á a seguinte definição:

A transformação digital na educação é a aplicação da tecnologia digital e dos sistemas de informação da Internet no domínio da educação para melhorar a qualidade do ensino, da aprendizagem e da gestão da educação. Isto inclui a melhoria dos métodos de ensino, a melhoria do equipamento e dos materiais de aprendizagem e a melhoria da experiência dos alunos, estudantes e participantes em acções de formação (Kazimierz 5).

A transformação digital oferece oportunidades sem precedentes na forma como a educação é concebida e na preparação dos alunos para terem sucesso numa sociedade cada vez mais digitalizada. Esta revolução tecnológica oferece novas oportunidades, mas também suscita desafios significativos. De facto, as actividades digitais têm efeitos benéficos na aprendizagem. As plataformas digitais tornaram-se indispensáveis para a gestão do processo de ensino e aprendizagem. No Haiti, há já alguns anos que os cursos de informática são obrigatórios a partir do ensino secundário e constituem um exemplo concreto desta evolução, garantindo que os alunos adquirem as competências digitais essenciais para serem bem sucedidos no mundo moderno.

É também de salientar que a transformação digital prepara os estudantes para responder às exigências do mercado de trabalho atual, onde o domínio da tecnologia se tornou indispensável em muitos domínios profissionais. No entanto, em alguns casos, podem ser prejudiciais, como quando os alunos se distraem com as redes sociais ou plagiam documentos na liga.

Esta transformação digital e o seu impacto na educação nos estabelecimentos de ensino superior não são, portanto, isentos de ambiguidades. Algumas instituições estão a enveredar pelo processo de integração digital sem terem suficientemente em conta a pedagogia e a gestão digitais, o que pode comprometer a eficácia das suas iniciativas. Avaliar o impacto real da utilização das ferramentas digitais no desempenho académico implicaria fazer um recenseamento da sua utilização pelos estudantes, tendo em conta o seu desempenho académico e os contextos de ensino. É essencial ter em conta os vários desafios e questões associados à transformação digital, caso contrário corre-se comprometer e aprofundar as clivagens existentes.

As universidades estão a mudar. "A informatização das universidades começou no início dos anos 80 e a utilização da Internet generalizou-se em meados dos anos 90". (Ben Youssef e Rallet 11). As universidades estão a desenvolver estratégias para se tornarem autónomas e para se integrarem na globalização. A participação de organizações multilaterais, como a Organização das Nações Unidas para a Educação, a Ciência e a Cultura (UNESCO), o Banco Mundial, a Organização de Cooperação e de Desenvolvimento Económicos (OCDE), etc., na formulação da agenda universitária internacional está a deslocar as fronteiras do ensino superior para além das sociedades nacionais. Tal como acontece com a globalização, as tecnologias digitais estão cada vez mais no centro destas estratégias, ganhando importância nas práticas de ensino.

Todas estas transformações não são isentas de impacto. As tecnologias oferecem uma perspetiva de renovação pedagógica e de modernização dos estabelecimentos de ensino superior. As actuais práticas digitais de estudantes e professores influenciam potencialmente o desempenho académico, devido ao valor acrescentado das tecnologias no ensino e na aprendizagem. Alguns estudos empíricos indicam que potencial da tecnologia incentiva a emergência de novos estilos de aprendizagem. De facto, de acordo com o relatório do Conselho Canadiano para a Aprendizagem (CCL), "o acesso às tecnologias de aprendizagem nas escolas abre um vasto horizonte de possibilidades e contribui para a eficácia da aprendizagem e do ensino. A utilização de computadores e da Internet para fins educativos alarga as oportunidades de aprendizagem para os alunos e constitui um recurso pedagógico valioso para os professores" (Jean Loisier 59).

Os desafios não são menos significativos. Incluem a necessidade de infra-estruturas tecnológicas, as desigualdades de acesso, a falta de competências tecnológicas dos professores, a resistência à mudança, a necessidade de manter os alunos empenhados e motivados em linha e a adaptação das pedagogias tradicionais aos ambientes digitais. A natureza problemática da relação entre pedagogia e tecnologia pode ser vista no fosso que existe frequentemente entre os ideais e a realidade da prática.

Uma transição sustentável para integração das tecnologias digitais no ensino superior implica encontrar um equilíbrio com os métodos de ensino tradicionais. Para tal, é necessária uma abordagem estratégica e ponderada, em que as tecnologias sejam integradas de um modo que apoie efetivamente os objectivos educativos. A tecnologia digital tem, de facto, um papel importante a desempenhar na educação, em particular no ensino superior, onde a variedade de utilizações vai desde o enriquecimento dos conteúdos educativos até à globalização da formação.

As ferramentas tecnológicas permitem estimular os intercâmbios entre os diferentes intervenientes (alunos, professores), favorecer uma maior participação dos alunos no processo de aprendizagem e melhorar o acesso aos recursos educativos. Permitem igualmente ultrapassar o quadro físico, abrindo o ensino universitário a grupos até agora excluídos devido aos seus horários e outros compromissos. É o caso, por exemplo, dos adultos com uma vida profissional ou familiar muito ocupada, das pessoas com mobilidade reduzida que não querem ou não podem necessariamente deslocar-se aos de aprendizagem, etc.

A utilização das TIC vai mais longe do que o aspeto pedagógico ou mesmo o acesso mais fácil à formação. Com efeito, para além de permitir o acesso a uma sala de formação à distância, as TIC, quando utilizadas de forma sensata, favorecem a colaboração e o trabalho em equipa e, graças às competências digitais que serão desenvolvidas com a sua utilização, prepararão também, de alguma forma, os utilizadores para o mercado de trabalho.

A utilização das TIC também afecta a gestão das IES. Certas ferramentas e programas informáticos facilitam a gestão de processos que costumavam ser muito morosos, como o processo de registo, os pagamentos em linha e a gestão das bases de dados dos estudantes (notas, cursos frequentados, etc.).

Todas estas mudanças estão a ter um impacto não só nos métodos de ensino nas IES, mas também nas diferentes percepções do ensino. Cada vez mais IES oferecem cursos de ensino à distância, os estudantes e investigadores são móveis, os campus estão a tornar-se "digitais" e a educação está globalizada, o que a torna um espaço aberto e competitivo.

A configuração do ensino superior nas sociedades contemporâneas adquire uma dimensão cada vez mais relacional, ou seja, as universidades e os respectivos países comparam-se constantemente com base em indicadores que exprimem o prestígio nacional e internacional de cada uma delas. Tudo leva a crer que a emergência dos rankings mundiais transformou o ensino superior num espaço aberto de competição, aberta ou latente, com vista à aquisição de prestígio académico e social que será aproveitado para atrair recursos financeiros para as instituições classificadas. (Martins 4)

A integração das TIC na educação deve ir para além da sua utilização e centrar-se em melhorias mensuráveis nos resultados do ensino e da aprendizagem. Embora estas ferramentas tenham o potencial de melhorar a educação, também podem ser utilizadas de forma contraproducente. O papel das TIC no sucesso dos alunos não é universalmente aceite pelos investigadores ou autores que escrevem sobre o assunto.

Alguns autores consideram que desempenham um papel indireto, na medida em que as TIC têm impacto no ambiente educativo e no acesso aos recursos educativos. Outros, como Leuven E. et al, Terry N., Lewer J. J. & Macy A., consideram que não têm qualquer impacto nos resultados académicos dos alunos; pelo contrário, Kulik J. A. afirma que os alunos que utilizaram o ensino baseado nas TIC obtiveram melhores resultados do que aqueles que não utilizaram computadores (Ben Youssef e Dahmani). (Ben Youssef e Dahmani).

III.   A fratura digital e o desempenho académico

As desigualdades associadas à fratura digital são múltiplas. Embora os desafios do acesso sejam frequentemente mencionados, a falta de competências digitais e as utilizações que lhes são dadas podem também exacerbar estas disparidades. (Brotcome e Valenduc) explicam que, embora "tradicionalmente centrada nas desigualdades associadas ao acesso físico às TIC, a atenção tem-se deslocado gradualmente para as desigualdades sociais associadas à sua utilização, uma vez ultrapassada a barreira do acesso". Note-se, no entanto, que as desigualdades sociais ou económicas também podem ter um impacto no nível de acesso.

Em termos económicos, o custo do equipamento e dos serviços Internet constitui um obstáculo importante para muitas pessoas. Em termos de acessibilidade, a disponibilidade de serviços Internet de qualidade é frequentemente desigual, especialmente nas regiões rurais ou menos desenvolvidas. Além disso, a disponibilidade de ferramentas tecnológicas no mercado local também varia, afectando o acesso dos potenciais utilizadores.

De facto, o rendimento é o fator com maior impacto no acesso à Internet. As pessoas economicamente vulneráveis com acesso limitado às tecnologias digitais são as mais susceptíveis de serem afectadas pelas disparidades digitais. A nível social, autores como Jan Van Dijk estão interessados no processo que conduz à aquisição de competências digitais e nos factores que as influenciam (Van Dijk). Segundo Glassey O. e Pfister-Giauque B., alguns estudos mostram que existe uma verdadeira dialética entre a "cultura digital" dos indivíduos, por um lado, e a sua "inclusão social", por outro, que lhes dá mais ou menos oportunidades de desenvolver estas competências (Brotcome e Valenduc).

Hargittaü E. demonstra "a importância do apoio social na aquisição das competências necessárias para tirar o máximo partido das vantagens oferecidas pelas ferramentas em linha" (Brotcome e Valenduc). Salienta ainda que "o facto de estar à margem dos circuitos sociais, tanto educativos como profissionais, revela-se um fator considerável de exclusão digital" (Brotcome e Valenduc). De um ponto de vista institucional, as disparidades digitais também se explicam pela falta de apoio e de investimento do Estado. O atraso na implementação de políticas de transformação digital nas IES do Haiti é notável.

A falta de estratégias claras e de financiamento adequado para a formação e as infra-estruturas digitais impede estas instituições de colmatarem o fosso digital e de garantirem um acesso equitativo à tecnologia a todos os estudantes e funcionários. As disparidades digitais são, por conseguinte, o resultado de uma combinação complexa de factores económicos, culturais, pessoais e institucionais, cada um dos quais exige uma atenção específica para ser tratado de forma eficaz. Além disso, a falta de quadros regulamentares, a ausência de parcerias público-privadas, a falta de apoio à inovação e ao empreendedorismo digital e a ausência de programas para desenvolver competências digitais reforçam o fosso digital na população.

Uma vez que a investigação é simultaneamente qualitativa e quantitativa, os métodos, instrumentos e estratégias de investigação foram claramente definidos. Esta abordagem permitiu analisar a manifestação da fratura digital de um estudante para outro, tendo em conta os determinantes sociais específicos e os desafios relacionados com a infraestrutura digital das IES, proporcionando assim uma visão detalhada do contexto da integração digital. Para estabelecer a nossa base de amostragem, mapeámos as IES em Jacmel, delimitando a cidade e fazendo referência à lista de IES reconhecidas publicada no sítio Web do Ministério da Educação Nacional e da Formação Profissional. Com da IUS, que é legalmente reconhecida, mas
não estão presentes no sítio devido a um problema de atualização. Com base neste mapeamento, foi elaborada uma primeira lista de escolas que já começaram a integrar a tecnologia nas suas práticas e operações de ensino.

Uma vez selecionadas as IES, foram recolhidos dados quantitativos de um total de 120 estudantes das quatro IES. Os participantes foram anonimizados através de códigos, a fim de preservar a confidencialidade da informação partilhada no âmbito deste estudo. O principal objetivo da nossa escolha de amostra foi selecionar um pequeno número de indivíduos representativos da população estudantil das instituições alvo. Para os outros métodos de recolha de dados, tais como entrevistas, observações e entrevistas individuais, utilizámos procedimentos de amostragem não probabilísticos.

Os participantes são estudantes (atualmente inscritos nas IES selecionadas para o inquérito), pessoal administrativo e professores dessas instituições. Para garantir uma perspetiva diversificada, incluímos universidades públicas e privadas, de diferentes dimensões e que oferecem diferentes níveis integração das tecnologias digitais nos seus programas. Ao concentrarmo-nos em instituições que já estão a integrar ou a começar a integrar tecnologias, podemos avaliar melhor os efeitos e os desafios desta integração. Também nos permite selecionar uma amostra representativa das práticas actuais em Jacmel, fornecendo resultados mais precisos e significativos.

Os dados recolhidos indicam que a maioria dos estudantes (50%) não tem acesso a qualquer apoio ou assistência por parte das IES que frequentam. No contexto da aprendizagem na era digital, em que a utilização de ferramentas tecnológicas se tornou essencial, estes estudantes sem assistência podem encontrar dificuldades acrescidas no acesso à informação, na participação em cursos online e na realização dos trabalhos académicos, comprometendo assim os seus resultados académicos.

Figura 1. Apoio prestado pelas IES

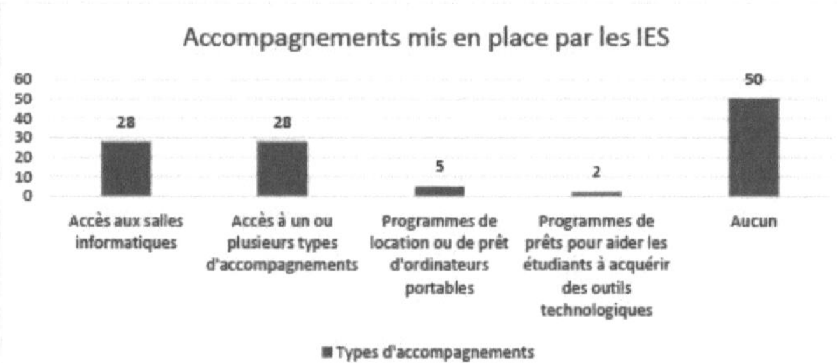

Figura 1 Apoio prestado pelas IES Fontes: Dados recolhidos pelos autores

Cerca de 28% dos estudantes beneficiam um ou mais tipos de apoio, incluindo um esquema de aluguer ou empréstimo de computadores portáteis (5%) das IES visadas, um esquema de empréstimo para adquirir as ferramentas tecnológicas de que necessitam para os seus estudos (2%), um serviço de apoio técnico para instalar, configurar e resolver problemas com ferramentas tecnológicas, etc. 28% têm acesso a uma sala de computadores.

Figura 2: Competências digitais dos alunos

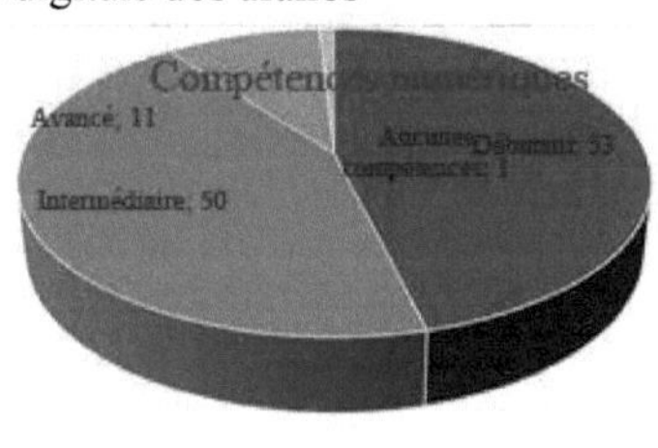

Fontes: Dados recolhidos pelos autores

Globalmente, esta análise põe em evidência a heterogeneidade das competências digitais dos estudantes universitários. Além disso, 45% dos inquiridos afirmam não ter recebido qualquer formação digital e 18,10% afirmam não estar familiarizados com ferramentas de comunicação em linha, como o correio eletrónico, os fóruns de discussão educativa e as videoconferências. Este resultado ilustra as conclusões iniciais e confirma o facto de que é necessário tomar medidas para formar, apoiar e orientar os estudantes no desenvolvimento de competências digitais.

Figura 3: Utilização de ferramentas digitais

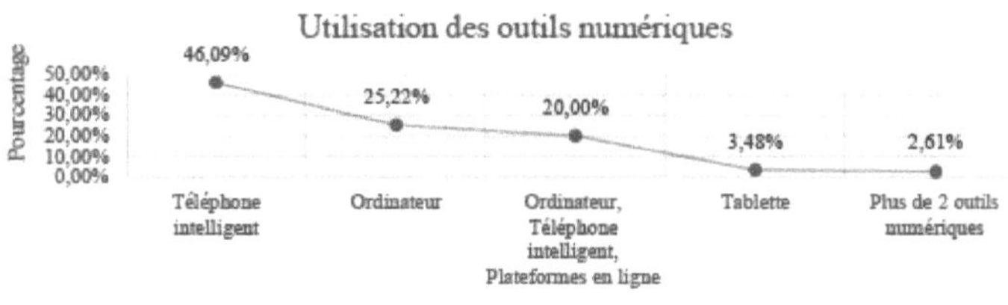

Fontes: Dados recolhidos pelos autores

Analisando a percentagem utilização das ferramentas digitais, verifica-se que os smartphones são muito utilizados, com 46,09% a demonstrarem a sua acessibilidade e importância. Seguem-se os computadores, que são utilizados por 25,22% dos inquiridos, mantendo a sua importância para actividades profissionais e pessoais que requerem ecrãs maiores e maior capacidade de processamento. Além disso, uma percentagem significativa de 20,00% utiliza simultaneamente um computador e um smartphone, bem como plataformas em linha, o que sugere uma utilização flexível das ferramentas digitais para responder a diferentes necessidades. Os tablets, embora menos populares, ainda são utilizados por 3,48% das pessoasuma pequena percentagem de 2,61% utiliza mais de duas ferramentas digitais.

No que diz respeito às razões pelas quais os estudantes utilizam as ferramentas digitais, os dados recolhidos revelam que a maioria dos estudantes (72,12%) as utiliza para diversos fins, nomeadamente para documentação e revistas científicas em linha, para comunicar através de plataformas de mensagens, correio eletrónico e videoconferência, para redigir trabalhos, etc. 9,62% dos estudantes utilizam estas ferramentas apenas para aceder a documentação e revistas científicas em linha, e 7,69% utilizam-nas para redigir trabalhos utilizando software de processamento de texto e de paginação. No entanto, apenas 2,88% afirmam utilizar as ferramentas digitais principalmente para a aprendizagem em linha e a participação em webinars. Este facto pode indicar uma fraqueza na participação ou na organização de cursos em linha.

Os resultados do inquérito indicam que os computadores são a tecnologia mais utilizada pelos estudantes para aceder às ferramentas digitais. Cerca de 45 dos estudantes inquiridos afirmaram utilizar principalmente um computador para aceder às tecnologias, enquanto outros utilizam smartphones (53 em termos do número de estudantes), tablets e outras ferramentas digitais. Um número significativo de estudantes (49) afirmou não ter recebido qualquer ajuda externa para utilizar estas ferramentas digitais, o que sugere uma falta de apoio disponível. Apesar disso, a maioria dos estudantes inquiridos declarou utilizar a tecnologia diariamente (75), embora muitos tenham classificado as suas competências como sendo de nível principiante.

E no que diz respeito aos resultados académicos, cerca de 60 inquiridos consideraram ter tido bons resultados, o que sugere uma potencial correlação entre um melhor acesso a ferramentas digitais e um melhor desempenho académico. Os alunos com acesso a várias ferramentas digitais e a um computador tendem a ter melhores resultados académicos (Excelente e Bom). Verifica-se também um menor número de inquiridos com excelentes resultados académicos que apenas têm acesso à Internet ou a um telefone, embora vários outros factores possam influenciar o sucesso académico.

Um número significativo de estudantes não tem acesso a computadores e a uma ligação fiável à Internet, o que pode ter um impacto na sua capacidade de aprendizagem e limitar o seu acesso a recursos e cursos em linha. [1]Embora alguns estudantes (entre 23% e 45%) tenham acesso a ferramentas e competências digitais, existem desigualdades significativas que afectam o seu sucesso académico. O número de estudantes que consideram ter apenas um nível básico de competências digitais é significativo (46%). Esta competência limitada pode dificultar a utilização efectiva das ferramentas tecnológicas no âmbito da sua formação, apesar de uma compreensão básica. De acordo com as estatísticas, este facto não os impede de utilizar ferramentas digitais, nomeadamente para fins de investigação, comunicação e escrita. No entanto, uma pequena percentagem utiliza estas ferramentas para a aprendizagem em linha, o que indica uma participação limitada em cursos em linha ou uma falta de oportunidades neste domínio. Isto pode dever-se à falta de infra-estruturas ou de apoio pedagógico para cursos em linha nas instituições visadas.

No que diz respeito ao acesso à Internet, este é mais comum nas instalações de algumas IES do que em casa, o que pode obrigar os estudantes a permanecer no campus para aceder aos recursos em linha, limitando assim a sua flexibilidade de aprendizagem. Ainda assim, é de salientar que 49% dos estudantes afirmam não receber qualquer apoio no acesso e utilização de ferramentas digitais. Este facto pode indicar um grau de autossuficiência, mas também pode apontar para uma falta de apoio institucional. Os dados sugerem também uma correlação entre o acesso a várias ferramentas digitais e os bons resultados académicos. Os alunos que têm acesso regular a ferramentas digitais, em particular a computadores, parecem obter melhores resultados académicos. Isto tende a implicar que as disparidades digitais têm um impacto no desempenho académico. De facto, a falta acesso a computadores, a uma Internet fiável e a uma formação adequada em competências digitais limita a capacidade de muitos estudantes para tirarem pleno partido da aprendizagem digital.

Figura 4: Resultados académicos dos alunos/Faixa média

Gama de graus académicos por número alunos

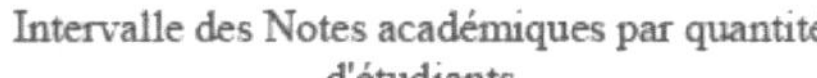

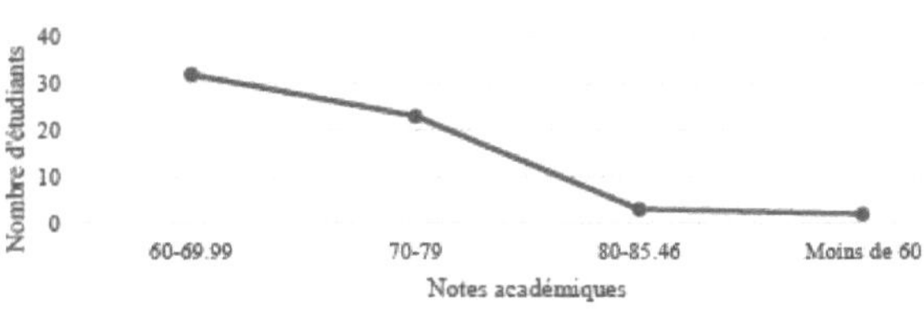

Fontes: Dados recolhidos pelos autores

A análise dos dados mostra que 32 alunos obtiveram notas entre 60 e 69,99 e 2 obtiveram notas inferiores a 60. Uma parte dos alunos (23) obteve uma classificação entre 70 e 79, e 3 alunos obtiveram uma classificação entre 80 e 85,46. [2]A mediana dos resultados foi de 68,14, o que ilustra o valor central dos resultados, enquanto o desvio-padrão foi de 7,49, o que sugere uma certa dispersão dos resultados em torno da média.

Dos 23 alunos com médias académicas entre 70 e 79, apenas 5 têm pleno acesso às ferramentas digitais, neste caso, acesso a ferramentas, à Internet e a uma infraestrutura digital. Utilizam as ferramentas todos os dias e têm níveis que vão do intermédio ao avançado. 11 destes 23 alunos têm um acesso médio e os outros têm um acesso fraco.

Dos 5 alunos que têm entre 80 e mais, 3 têm um acesso médio, um nível intermédio em termos de competências digitais e utilizam ferramentas digitais todos os dias, em média.

Dos 33 alunos que têm entre 60 e 69,99, 24 têm um acesso fraco à Internet, 19 dos 24 consideram-se principiantes e 17 utilizam as ferramentas digitais (as poucas a que têm acesso) todos os dias. E os restantes 2 que têm menos de 60 têm um acesso médio às ferramentas digitais, um nível intermédio em termos de competências digitais e utilizam as ferramentas todos os dias.

Os resultados indicam que o acesso a ferramentas digitais e o nível competência na utilização dessas ferramentas são factores importantes para o sucesso académico dos alunos. No entanto, não são os únicos determinantes, uma vez que alguns alunos com acesso e competências suficientes obtêm resultados médios ou fracos, o que sugere que é necessário ter em conta outras variáveis para compreender plenamente a variabilidade do desempenho académico. Com efeito, embora o acesso às ferramentas digitais e as competências associadas sejam importantes, devem ser considerados em conjunto com variáveis como o nível e o tipo de inteligência, o contexto cultural, o ambiente de estudo, a base académica e o empenho dos alunos. Esta abertura não põe de modo algum em causa o impacto da fratura digital, na medida em que a base académica, por exemplo, não será suficiente para compensar a falta de competências

---

[2]= Fórmula do desvio padrão: σ -Γ(Σ [x - μ] ^{2}/N). Note-se que o desvio padrão foi calculado com a ajuda de um µ;v;"; "u"

ou de acesso à tecnologia digital.

IV. Desafios da transição digital: governação educativa

As instituições de ensino superior (IES) de Jacmel enfrentam uma série de desafios importantes que podem dificultar a integração efectiva da tecnologia digital nas práticas de ensino e aprendizagem. Estes desafios incluem a falta de recursos materiais, incluindo o acesso limitado a equipamento informático e a software essencial, bem a falta de competências digitais e de pessoal qualificado. Estas dificuldades agravadas por restrições financeiras que afectam o processo global de integração digital. Além disso, a falta de um quadro jurídico e de políticas institucionais que regulem a utilização da tecnologia digital em geral e na educação em particular está a atrasar a transformação digital.

A governação digital permite assumir e reforçar as práticas pedagógicas, estabelecendo um quadro regulamentar para a utilização das tecnologias educativas. Em alguns países, as novas leis digitais incitam as escolas a reorganizarem-se, fazendo da governação digital um fator-chave para a transformação das práticas pedagógicas. [3]Foi o que aconteceu em França, por exemplo, com o projeto Campus numérique 2000-2002, que visava integrar as TIC nos cursos de formação tradicionais, e com o Plano RE/SO 2007, lançado em 2002, que visava digitalizar livremente os cursos presenciais.

[4]E também em Itália, com o código Codicedell'Amministrazione Digitale, em vigor desde 1 de janeiro de 2006. Este código tem por objetivo modernizar a administração pública, incluindo as universidades públicas, através da utilização da tecnologia nos procedimentos administrativos. [5]Devemos também referir o projeto Campus One, que pretende ser a materialização de um forte compromisso do Estado para com a transformação das universidades através das TIC, que devem estar em consonância com as transformações económicas e sociais da sociedade do conhecimento e da informação (presidenza del Consiglio dei Ministri , 28 de março de 2001 (Thibault e Velez). Isto levanta a questão da necessidade de criar políticas institucionais adequadas para conceber e aplicar eficazmente estas políticas educativas.

A governação educativa digital apoia as práticas de ensino e, de um modo mais geral, o processo de transformação digital. Implica uma vontade política e institucional de integrar a tecnologia digital de forma estratégica e crítica. Implica a definição das questões e a reorganização das políticas institucionais em relação à tecnologia digital, bem como a afetação de recursos adequados e a formação dos actores envolvidos. Como refere Lise Vieira, "a governação surge assim como um método através do qual os actores chegam a decisões mutuamente satisfatórias através de um conjunto de procedimentos reguladores, por negociação e cooperação" (Mocquet 30). Esta definição permite-nos compreender que a governação digital na educação se refere à forma como os intervenientes na instituição académica coordenam e gerem os seus

---

[3] Ref a acrescentar.
[4] Código de administração digital.
[5] T>-A"; J   л

recursos para promover o desenvolvimento digital. A governação digital académica no Haiti enfrenta uma série de desafios devido às realidades socioculturais e económicas do país, bem como à falta de um quadro legislativo específico para as questões digitais.

"O sistema educativo haitiano define, sem dúvida, acções de política educativa, mas estas não são enquadradas por uma política pública cuja continuidade e aplicação devam ser garantidas, seja qual for o governo em funções, a menos que seja revista com vista a uma melhor aplicação para melhores resultados" (Renauld 56). E "[...] a fraqueza das políticas educativas decorre de um problema de governação pública em geral. As políticas existentes não atacam os problemas reais e não actuam sobre as irregularidades de forma a reduzir as discrepâncias observadas nos padrões de funcionamento das escolas" (Renauld 56).

No Haiti, o sistema educativo atravessa atualmente uma crise sem precedentes, que exige uma reforma da sua governação, nomeadamente no âmbito do Ministério da Educação Nacional e da Formação Profissional. Além disso, a legislação relativa à utilização das tecnologias da informação e da comunicação é deficiente e dispersa.

Além disso, não existe atualmente um Código Digital no país. O conhecimento das regras que regem a interação e as tecnologias digitais continua a ser difícil. Note-se, no entanto, a existência do Despacho de 9 de julho de 2014 que cria a Comissão Interministerial para as Tecnologias de Informação. De acordo com este decreto, este comité é responsável por coordenar e harmonizar as políticas públicas no domínio das tecnologias da informação, das infra-estruturas de base conexas e das funcionalidades administrativas necessárias, bem como por supervisionar a aplicação dos princípios orientadores aprovados pelo governo. O Ministério da Educação Nacional e da Formação Profissional (MENFP), membro do comité supracitado, deve promover a priori a utilização das TIC na educação e identificar as necessidades das universidades públicas e estatais em relação a essa utilização.

É também de referir o decreto de 29 de janeiro de 2016, através do qual o Estado haitiano reconheceu o direito de qualquer cidadão se dirigir à administração pública por via eletrónica. Este texto lança as bases jurídicas para a digitalização dos serviços públicos e do Estado através das TIC, mas necessita de outras leis para o completar. É importante notar, no entanto, que não basta elaborar e promulgar estas leis se elas não puderem ser implementadas. E por boas razões, o direito digital no Haiti enfrenta muitos desafios, nomeadamente a falta de regulamentação e de formação dos profissionais e dos actores do sector digital. A governação da educação digital no Haiti, tal como os textos legais, enfrenta muitos desafios, tais como a ausência virtual de políticas governamentais de educação digital, a inadequação das infra-estruturas de comunicação, a falta de formação de professores, etc.

V. Conclusão

As ferramentas digitais oferecem novas formas, mais actualizadas e modernas, de encarar a aprendizagem e o ensino. Esta nova perceção resultante da integração das ferramentas digitais permite universidades melhorar os seus métodos de ensino. Se necessário, podem adaptar-se às necessidades dos estudantes e a situações de crise, como a insegurança em Port-au-Prince, onde vivem alguns professores.

Além disso, estas ferramentas enriquecem o ensino, aumentando o nível de retenção graças aos suportes digitais e tornando as aulas mais dinâmicas graças às ferramentas interactivas. Estas ferramentas modificam o ensino, reforçando a aprendizagem, e tornam as aulas mais vivas e interessantes graças a elementos interactivos que facilitam a compreensão: vídeos interactivos, questionários de classificação, quadros digitais interactivos.

A transformação digital é dinâmica, porque está orientada para uma transição sustentável na integração da tecnologia digital no ensino superior. É importante considerar as práticas actuais e a forma como estas se podem adaptar e tirar o máximo partido possível da tecnologia digital. Isto também significa ter como objetivo a melhoria contínua, combinando pedagogia e tecnologia digital.

Combinar pedagogia e tecnologia digital significa adotar uma abordagem pedagógica centrada nas vantagens da utilização de ferramentas digitais, colocando os alunos no centro e adaptando as ferramentas às suas necessidades pedagógicas e de aprendizagem. Para tal, é necessário que os intervenientes, nomeadamente os professores, disponham das competências necessárias para utilizar eficazmente as ferramentas, ou seja, para as integrar adequadamente nas suas práticas de ensino, de aprendizagem ou de gestão.

Os resultados do estudo mostram que os estudantes têm um acesso limitado às ferramentas digitais e ao tempo, e que as diferenças entre o nível integração das ferramentas digitais nas várias IES concebidas contribuem para reforçar o fosso digital para uns e criá-lo para outros. A utilização de smartphones é muito comum, segundo os inquiridos. E, embora reduzam a barreira de acesso em virtude das suas numerosas caraterísticas, incluindo uma melhor acessibilidade do que os computadores, por exemplo, e um melhor acesso à Internet através de um plano de rede móvel pré-pago, existe um risco real de distração devido a todas as aplicações de jogos e ao apelo das redes sociais.

Muitos estudantes utilizam smartphones, mas estes dispositivos só são utilizados para fins académicos numa base ad hoc, uma vez que a sua função principal não é a educação. A grande maioria dos estudantes possui competências digitais básicas. No entanto, os alunos precisam de mais do que estas competências básicas para gerir bases de dados, trabalhar em projectos de colaboração utilizando ferramentas interactivas e criar tabelas gráficas, para citar apenas alguns exemplos. Os dados revelam também uma relação entre o acesso às ferramentas digitais e os bons resultados académicos.

As ferramentas tecnológicas abrem novas perspectivas em termos de práticas educativas. No entanto, podem também criar disparidades entre os que têm acesso e os que são excluídos. Para garantir uma utilização equitativa e inclusiva, é essencial tomar medidas para reduzir esta clivagem, que não é isenta de consequências. Estas medidas podem incluir a criação de uma plataforma IES específica para centralizar os recursos, as ferramentas e as informações necessárias para o ensino e a gestão das actividades digitais; a introdução de métodos interactivos nos cursos para estimular a participação; a instalação de uma rede Wi-Fi gratuita e fiável em toda a universidade para permitir aos estudantes um acesso fácil aos recursos em linha e à realização das suas pesquisas; e o acesso a uma biblioteca digital na universidade.

Isto inclui o aumento do acesso a uma vasta gama de recursos digitais, tais como livros electrónicos, artigos de investigação e bases de dados especializadas, e a organização de seminários de formação regulares para melhorar as competências digitais dos estudantes e do pessoal, com ênfase na utilização eficaz das ferramentas digitais, em particular as ferramentas tecnológicas utilizadas no ensino.

Ao mesmo tempo, seria importante ensinar cidadania digital aos alunos, para que compreendam que têm responsabilidades na utilização das ferramentas, que devem adotar um comportamento seguro, ético e eco-responsável e comunicar de forma responsável. Isto inclui também a promoção do desenvolvimento de um quadro jurídico para os aspectos de desenvolvimento sustentável da tecnologia digital e o levantamento dos actores digitais na educação.

Seria igualmente crucial refletir sobre a adaptação das ferramentas digitais às disciplinas, de acordo com as suas próprias especificidades, de modo a obter uma pedagogia digital que coloque o aluno no centro e não a ferramenta. O incentivo a actividades de investigação (inquéritos qualitativos e quantitativos, etc.) nas IES sobre a utilização da tecnologia digital na educação forneceria dados contextualmente relevantes e actualizados.

Bibliografia

1   . Bates, T. *Teaching in the digital age. A natureza do conhecimento e as implicações para o ensino: Conectivismo.* 2022.

2   . Ben Youssef, Adel e Alain Rallet. "As TIC no ensino superior. *Réseaux* 2009.

3   . Ben Youssef, Adel e Mounir Dahmani. "The Impact of ICT on Student Performance in Higher Education: Diret Effects, Indirect Effects and Organisational Change." *RUSC Universities and Knowledge Society Journal*, abril de 2008.

4   . Blamont, J. *Por uma revolução educativa no Haiti.* Università d'État d'Haiti, 2013.

5   . Brotcome, P. e G. Valenduc. "Competências digitais e desigualdades na utilização da Internet: Como reduzir estas desigualdades?" <Les Cahiers du numérique 2009: 45. https://www.caim.info/revue-les- cahiers-du-numerique-2009-1->.

6   . Jean Evulu, Oleko. *Les théories de l'apprentissage.* Lodja, Congo- Kinshasa: Università des Sciences et des Technologies de Lodja, 2024. hal- 04587345.

7   . Jean Loisier. *As novas de aprendizagem favorecem efetivamente o desempenho e o sucesso dos estudantes do ensino à distância?* Rede de ensino francófono à distância do Canadá (REFAD). 2011.

8   . Jean-Jacques, N. e B. Oxiné. "Education par le numérique en Haiti: enjeux, défis et perspectives." 2015.

9   . Kazimierz, W. &. - T. "Situação atual e soluções para a transformação digital no

sector da educação do Vietname". *Research Gate* 2024.

10 Kem, A. - L. "De cidade média a intermédia: a dinâmica de Jacmel e o seu posicionamento no Haiti". 1 de janeiro de 2019: 267-288.

11 Kem, Abigail-Laure. "De cidade média a intermédia: a dinâmica de Jacmel e o seu posicionamento no Haiti". *Les Cahiers d'Outre-Mer* 1 de janeiro de 2019: 267-288.

12 Khöi, L. T. "Teoria e conceitos". *Educação: culturas e sociedades* 1991: 23-52.

13 Martins, Carlos Benedito. "O ensino superior na era da globalização". *Socio* 2019: 205-227.

14 Michaut, C. "Etat des recherches en économie et en sociologie sur la réussite universitarie." *Educational Research* 15 de junho de 2023: 52. <http ://j oumals .openedition .org/ree/11961>.

15 Mocquet, Bertrand. "A governação universitária e a evolução dos usos digitais: novos desafios para o ensino superior e a investigação franceses. Ciências da informação e da comunicação". *HAL Open science* (2017). <https://theses.hal.science/tel-01758565/file/These_Bertrand_MOCQUET.pdf>.

16 Renauld, Govain. "Da crise na educação à crise na educação no Haiti". *Estudos das Caraíbas* dezembro de 2023. <http://joumals.openedition.org/etudescaribeennes/28508 >.

17 René, Llored. "Educação, cultura e dominação na sociologia de Pierre Bourdieu". 29 de junho de 2022.

18 Thibault, Françoise e Luis Rivera Velez. "POLÍTICAS PÚBLICAS PARA A ERA DIGITAL NA EDUCAÇÃO EDUCAÇÃO SUPERIOR: Um estudo comparativo entre Espanha, França, Itália e Reino Unido". 2015.

19 Van Dijk, Jan, "The Deepening Divide: Inequality in the Information Society". janeiro de 2005.

As TIC no ensino superior: uma panorâmica das práticas e percepções dos professores do ensino superior no Haiti

Sr. Anderson TURIN

Assistente de investigação no CRS-IUS no Haiti

Dr. Léonard COLIN

Investigador associado, CRS-IUS d'Haiti

Introdução

Desde o desenvolvimento generalizado Internet na década de 1990, as tecnologias da informação e da comunicação (TIC) têm vindo a dar passos largos, revolucionando as sociedades actuais ao infiltrarem-se em todas as áreas da vida humana, incluindo a educação (Mastafi).

No que respeita ao ensino, vários estudos reconhecem a capacidade das TIC para inovar as práticas pedagógicas, capacitar os alunos e contribuir para uma educação de qualidade (El Kartouti e Juidette, 2023; UNESCO, 2018; Lefebvre e Fournier, 2014; Marton, 1999). Além disso, as TIC estão a revelar-se ferramentas essenciais para garantir a continuidade da educação em situações de emergência. A pandemia de COVID 19 é um exemplo pertinente, pois levou os governos e os estabelecimentos de ensino de todo o mundo a adoptarem sistemas abertos de ensino à distância mediados pelas TIC (Bice et al - Donni a - Karsenti et al), através do Ministério da Educação Nacional e da Formação Profissional (MENFP), incentiva a adoção das TIC na educação, nomeadamente no Pian opérationnel 2010-2015 (MENFP, 2011), na Politique Nationale de Formation d'Enseignant(e)s et des Personnels d'Encadrement (MENFP, 2018) e no Pian décennal d'éducation et de formation (PDEF) 2020-2030 (MENFP, 2020).

No entanto, a implementação efectiva destas posições depara-se com uma série de problemas, nomeadamente o facto de alguns professores terem dificuldade em utilizar as ferramentas tecnológicas no contexto de ensino, ou mesmo não as utilizarem no dia a dia, por falta de familiaridade (França). Há também o facto de o acesso dos professores a estas tecnologias ser limitado (França, 2011).

Daí o nosso desejo de centrar o nosso estudo na problemática das percepções dos professores sobre a integração das TIC no ensino universitário. Assim, : como é que os professores universitários percepcionam a integração das tecnologias no ensino universitário?

Através desta questão, procuramos compreender as percepções dos professores sobre a integração das TIC no ensino superior, com particular incidência no ensino universitário. Para atingir este objetivo, exploramos os seguintes aspectos:

• As práticas tecnológicas dos professores universitários ;

• Contributos e obstáculos percebidos pelos professores para a utilização das TIC no ensino universitário ;

• Acções a empreender para reforçar e otimizar a utilização das TIC na educação.

Para chegar ao fim da nossa abordagem, começamos com explicações teóricas e contextuais sobre as TIC, depois explicamos o protocolo de inquérito utilizado para o nosso inquérito e continuamos com a apresentação e análise dos resultados do inquérito, antes de finalmente discutirmos os resultados.

I. Integração da tecnologia na educação

No domínio das tecnologias aplicadas à educação, poder-se-ia pensar que a integração das tecnologias significa simplesmente a sua utilização pelos professores. No entanto, é evidente que não se trata apenas de uma utilização, mas de uma utilização orientada por objectivos de aprendizagem (Mastafi, 2016). Por outras palavras, integração significa adotar uma ferramenta ou ferramentas tecnológicas para atingir um objetivo de aprendizagem. Por conseguinte, para falar verdadeiramente de integração das TIC na educação, é essencial envolver as TIC de forma significativa nas diferentes actividades de aprendizagem dos alunos (Mastafi, 2016).

Alguns autores (Lauzon, Michaud e Forgette-Giroux, 1991; Raby, 2004; Mastafi, 2016) distinguem dois tipos principais de integração: a integração física, que consiste na disponibilização de equipamentos tecnológicos nas escolas ou estruturas educativas, e a integração pedagógica, que corresponde à utilização de ferramentas tecnológicas no ensino e na aprendizagem. A plena integração das tecnologias implicaria, portanto, uma integração física e uma integração pedagógica.

A literatura científica descreve vários processos de integração. Assim, distinguimos entre o modelo de quatro fases de Raby (2004), o modelo SAMR de Puentedura (2009) (substituição, aumento, modificação, redefinição) e o modelo ASPID de Karsenti (2013) centrado no professor (adoção, substituição, progresso, inovação, deterioração).

O modelo de Raby propõe uma abordagem dinâmica para a adoção das TIC pelos professores. Este modelo coloca uma forte ênfase na intenção do professor como sendo central para a utilização das TIC. Tem em conta o professor como um todo (a pessoa, o profissional, o professor). Este de integração parece colocar a ênfase na perceção do professor, que orienta a sua escolha quanto à adoção ou não da tecnologia. Podemos concluir que, para Raby, a adoção pedagógica uma tecnologia por um professor deve, em primeiro lugar, basear-se numa experiência pessoal e profissional positiva da tecnologia digital, que poderá ter influência na sua perceção e, por conseguinte, nas suas práticas.

De acordo com Levy (2017), o modelo SAMR (Substitution, Augmentation, Modification, Redefinition) coloca o aluno no centro da aprendizagem, utilizando ferramentas digitais ao seu serviço. O modelo de Puentedura centra-se nas práticas de ensino na sala de aula. Descreve o processo passo a passo através do qual os professores integram as ferramentas tecnológicas nas suas actividades de ensino. A integração é, portanto, um processo em que cada etapa corresponde a um maior grau de utilização da tecnologia nas actividades da sala de aula.

O modelo ASPID (Adoção, Substituição, Progresso, Inovação, Deterioração), desenvolvido por Karsenti (2013), é um modelo concebido para dar conta das diferentes etapas através das quais o professor progride na procura da integração das TIC no processo de ensino-aprendizagem.

Este modelo, que na nossa opinião é muito semelhante ao apresentado por Puentedura, difere pelo facto de ter em conta a fase de deterioração. A adoção da tecnologia pode não ser eficaz para todos, e há várias razões para isso, sendo a perceção uma delas, como veremos a seguir. Uma má experiência com a tecnologia pode desencorajar os professores a utilizarem. Este aspeto deve ser tido em conta planear melhor a integração nas salas de aula.

II. Explorar a integração pedagógica da tecnologia pelos professores do ensino superior

Para realizar este estudo, optámos por uma abordagem mista com um design explicativo sequencial, que se refere à investigação em duas fases: primeiro, uma abordagem quantitativa e, em segundo lugar, uma abordagem qualitativa (Bourgeault et al., 2010, p. 24).

Para efeitos deste estudo, a nossa população-alvo eram os professores universitários da comuna de Jacmel, independentemente do seu estatuto, local de residência ou nacionalidade. A natureza da população foi determinada pelo facto de ensinarem nos estabelecimentos universitários que existem em Jacmel. Na primeira fase, recolhemos dados quantitativos de 38 professores (10 mulheres e 28 homens) que foram selecionados por amostragem aleatória simples, a fim de minimizar o risco de enviesamento resultante da seleção dos participantes que poderia influenciar os resultados (Anadón, 2019). Na segunda fase, recolhemos dados qualitativos de 11 professores escolhidos de entre os inquiridos na primeira fase com base no seu hábito de utilizar as TIC nas suas práticas de ensino. Tratou-se de uma amostragem não probabilística intencional (Ajar et al. 2009).

Para esta investigação, concebemos dois questionários: um composto principalmente por perguntas fechadas, com vista a recolher dados essencialmente quantitativos, e outro composto perguntas abertas para recolher relatos literais. O questionário fechado foi dividido em três secções, cada uma com um objetivo específico. A primeira secção, intitulada "Informações gerais", continha seis itens destinados a traçar o perfil dos inquiridos (sexo, idade, nível de escolaridade, tempo de serviço, nível de formação universitária, estabelecimento de ensino).

A segunda secção, intitulada "Competências em TIC", visava classificar os professores de acordo com a sua capacidade de utilizar as TIC a nível pessoal, profissional e pedagógico. A terceira secção do questionário, intitulada "Utilização pedagógica das TIC", visava avaliar o grau utilização das TIC nas práticas de ensino universitário através de quatro perguntas. No que diz respeito ao questionário aberto, o objetivo geral era recolher dados verbais para compreender as vantagens e as limitações percebidas da utilização das TIC e as acções previstas para promover a utilização TIC no ensino.

1- *Perfil do professor: competências sociais, profissionais e digitais*

Em primeiro lugar, vejamos o perfil dos participantes, a grande maioria dos quais (63,2%) tem entre 30 e 45 anos; a faixa etária dos 46 aos 60 anos também é importante, com uma frequência de 28,9%; dois professores (5,3%) têm menos de 30 anos e um professor tem mais de 60 anos, representando 2,3%.

Frequências dos grupos etários			
Grupo etário	Quantidades	do total	Acumulado
Menos de 30 anos	2	5,3 %	5,3 %
Entre 30 e 45 anos de idade	24	63,2 %	68,4 %
Entre 46 e 60 anos	11	28,9 %	97,4 %
Mais de 60 arn>	1	2,6 %	100,0 %

Fonte: inquérito sobre as percepções dos professores relativamente à integração das TIC no ensino superior.

Entre os participantes, 65,8% tinham um mestrado, 21,1% um bacharelato e 7,9% um DESS. 5,3% tinham um DESS.

Frequência do nível de estudos atual			
Nível de estudos atual	Quantidades	do total	Acumulado
DESS	2	5,3 %	5,3 %
Doutoramento	8	21,1 %	26,3 %
Licença	3	7,9 %	34,2 %
Mestrado	25	65,8 %	100,0 %

Fonte: inquérito sobre as percepções dos professores relativamente à integração das TIC no ensino superior.

A análise dos dados recolhidos mostra que os professores participantes estão habituados às TIC. No que diz respeito às utilizações das TIC pelos professores, os participantes utilizam geralmente as TIC para actividades pedagógicas (100%), tais como a aulas, a partilha de documentos, o ensino, etc. Utilizam-nas também para realizar actividades de natureza académica (97,4%), pessoal (92,1%) e profissional (89,4%). Utilizam-na também para actividades de natureza académica (97,4%), pessoal (92,1%) e profissional (89,5%). Estes resultados confirmam que a tecnologia é utilizada nos aspectos pessoais e profissionais da vida dos professores.

Figura 1. Utilização das TIC pelos professores

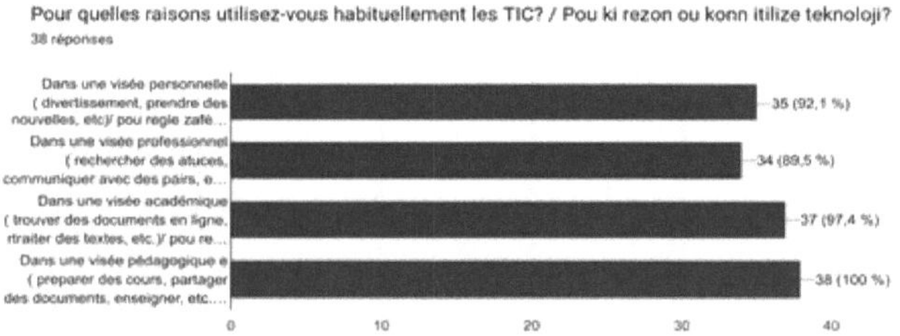

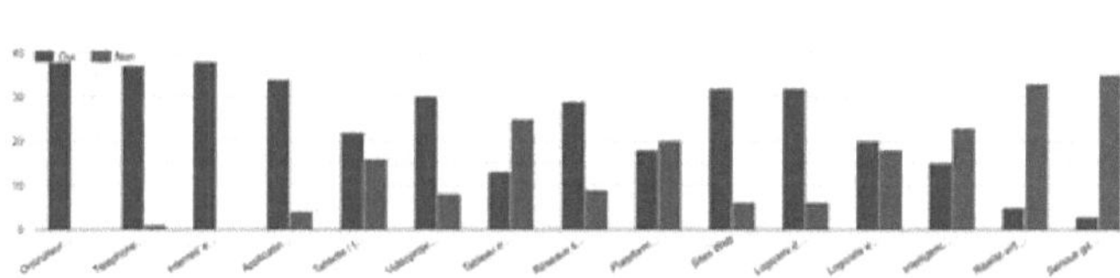

Fonte: inquérito sobre as dos professores relativamente à integração das TIC no ensino

superior

2- *Práticas de ensino das TIC dos professores*

No início, estávamos interessados nas TIC que os professores participantes utilizam nas suas actividades de ensino. Verificámos que os professores utilizam principalmente computadores e a Internet. Os smartphones, as aplicações móveis, os projectores de vídeo, os sítios Web, o software de secretária e as redes sociais também são amplamente utilizados pelos professores. No entanto, as TIC menos utilizadas são o quadro digital interativo, as plataformas de ensino em linha, a realidade virtual e os jogos sérios.

Figura 2. TIC utilizadas nas práticas de ensino

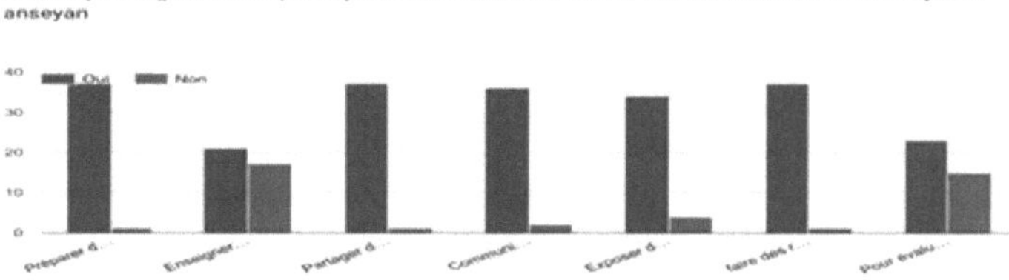

Fonte: inquérito às percepções dos professores sobre a integração das TIC no ensino superior

Os participantes utilizam as TIC para aulas, partilhar documentos, realizar pesquisas, comunicar com os alunos e apresentar conhecimentos na sala de aula. Embora o ensino à distância e a avaliação também sejam praticados, as suas utilizações continuam a ser menos frequentes do que outras.

Figura 3. Actividades de ensino com recurso às TIC

Fonte: inquérito às percepções dos professores sobre a integração das TIC no ensino superior

3- *Os benefícios da integração das TIC no ensino superior*

As respostas dos professores à segunda fase do inquérito sobre os benefícios das TIC foram as seguintes: otimização da produtividade, gestão do tempo, preparação de cursos e investigação, estratégias de ensino inovadoras e globalização ensino.

De facto, para os inquiridos, as TIC permitem otimizar a produtividade dos professores e gerir melhor o seu tempo, porque simplificam as actividades, realizando tarefas automaticamente. Para o professor Mario, as TIC permitem satisfazer "a procura de maior produção em tempo recorde" e são utilizadas para tornar os professores "mais eficazes".

As respostas dos professores também revelam que as TIC são úteis para a preparação das aulas. Jacques, por exemplo, refere que as TIC permitem "um acesso rápido e fácil uma grande quantidade de informações e recursos educativos... que os professores podem utilizar para preparar as aulas". Alguns professores referem, com base na sua experiência, que os professores que utilizam as TIC beneficiam de uma "pesquisa de documentos" que lhes oferece uma vasta gama de recursos para enriquecer as suas aulas.

As respostas dos professores revelam o contributo das TIC para a eficácia e a inovação das estratégias de ensino. "As TIC facilitam a transmissão de conhecimentos de uma pessoa para outra do que o sistema tradicional", afirma Néhémy. Com as TIC, "a transmissão é mais fácil e mais rápida", segundo Stéphane. Para Judith, as TIC permitem "beneficiar das últimas inovações". Com as muitas ferramentas e recursos educativos disponíveis, os professores podem implementar estratégias para melhorar o seu ensino. No âmbito deste processo de inovação, Stéphane salienta que "com as TIC, os professores tornam-se globais, podem ficar em casa e ensinar em qualquer país".

O aspeto global acima mencionado também sublinha o facto de que a integração da tecnologia no processo de ensino permite que os professores façam parte do mundo moderno, uma vez que a utilização das TIC implica o desenvolvimento de competências digitais. De acordo com os participantes, as TIC permitem aos professores estabelecer ligações com diferentes pessoas em todo o mundo. De acordo com Mardochée, permitem aos professores "moverem-se com o mundo" e, de acordo com Liliane, "participarem na evolução do mundo".

No que diz respeito aos benefícios para os alunos, James acredita que "aumenta o empenhamento e a motivação" dos alunos. De acordo com Stéphane, "o curso é mais animado", enquanto James observa que "os alunos estão mais motivados, levam o curso mais a sério". Estes extractos das respostas dos inquiridos resumem a perceção da contribuição da integração das TIC para otimizar a interatividade e o envolvimento dos alunos no processo de aprendizagem.

De acordo com os mesmos resultados, os alunos tornam-se mais produtivos: encontram formas de completar tarefas complexas num curto espaço de tempo e com um esforço mínimo, o que representa uma "poupança energia". Segundo Saincy, "as TIC ajudam os alunos na apresentação das tarefas dadas pelos professores. Permitem-lhes também aprofundar os seus conhecimentos". Com as TIC, "podem trabalhar de forma rápida e eficaz", diz Johnny. Além disso, precisam de menos tempo para assimilar novos conceitos. Assim, os alunos são muito mais eficientes.

O terceiro benefício das TIC para os alunos, de acordo com os inquiridos, é o aumento da autonomia na aprendizagem. Néhémy salienta que a intemet fornece aos alunos uma vasta gama de informações que podem consultar para melhorar os seus conhecimentos e aprofundá-los. Acrescenta que as TIC "facilitam a auto-aprendizagem", porque permitem participantes progredir de forma autónoma. Esta autonomia também se reflecte na afirmação de Jacques de que os alunos têm "acesso a informação relevante" e podem "fazer uma pesquisa rápida". Consequentemente, os alunos não estão totalmente dependentes dos professores para a sua aprendizagem; podem ensinar-se a si próprios.

As respostas dos inquiridos centram-se na adaptabilidade e acessibilidade da aprendizagem, o que se refere, em termos gerais, à flexibilidade de que os aprendentes beneficiam graças às TIC. Stéphane afirma que "o aluno pode voltar a ouvir os calos em qualquer altura". Para Liliane, "os alunos podem ficar em casa para seguir o curso e não têm de pagar transportes". Néhémy concorda, salientando que "os alunos podem aprender em casa e o custo da aprendizagem é reduzido". De facto, a tecnologia oferece um amplo acesso a programas de formação que podem ser acedidos em linha, reduzindo consideravelmente o custo para os formandos. Já não precisam de se deslocar e de estar fisicamente presentes para frequentar o curso sala de aula.

4- *Obstáculos e estratégias para ¡integrar as TIC no ensino superior*

Como obstáculos à integração TIC no ensino universitário, os professores destacaram a fraca qualidade e quantidade infra-estruturas e recursos energéticos. James salienta que: *e* Para utilizar a tecnologia no ensino universitário, o professor precisa da Internet, de um computador, de um projetor ou de um quadro digital interativo. [Dependendo do conteúdo a ensinar, se estas ferramentas não estiverem disponíveis, o professor não poderá utilizar as tecnologias". Na sua opinião, a utilização das TIC no ensino universitário requer um conjunto adequado de materiais para garantir uma utilização efectiva. Neste sentido, Judith, Liliane e Mário referem que as ligações à Internet "rudimentares" e "medíocres" e os "problemas de energia" são obstáculos à integração das TIC no ensino.

Os resultados mostram que a falta de competências dos professores é um obstáculo fundamental à integração das TIC no ensino universitário. "Entre as razões para isso está o facto de alguns professores não estarem actualizados com as tecnologias modernas", diz Liliane. Esta falta de competências está relacionada com a falta de conhecimento das tecnologias existentes, a falta de capacidade para manusear o equipamento e a falta de conhecimentos sobre como utilizar as TIC para a aprendizagem.

A dependência das TIC é outra categoria de barreira. Segundo Jacques *e, a* utilização constante das tecnologias pode levar a uma dependência excessiva por parte dos alunos, o que a sua capacidade de pensar de forma autónoma. A segunda razão é que a tecnologia pode ser uma fonte de distração para os alunos, impedindo-os de se concentrarem nas actividades de aprendizagem.

A "falta de recursos" citada por Stéphane e "o custo das assinaturas, ferramentas e equipamento" enumerado por Liliane é outro obstáculo. Os inquiridos consideram que os recursos financeiros limitados de que dispõem os decisores e os professores para a compra de equipamento impedem a utilização da tecnologia na educação.

No âmbito desta investigação, os participantes foram igualmente convidados a sugerir parâmetros de ação para uma integração geral e real das tecnologias no ensino universitário.

Todos os participantes confirmaram que é necessário disponibilizar infra-estruturas e recursos tecnológicos. Não só precisamos, como refere Liliane, de "equipamento e, sobretudo, de uma rede de Internet de melhor qualidade em todo o Haiti". Mas também, como refere James, as universidades precisam de "disponibilizar as infra-estruturas necessárias para a utilização das TIC, como a Internet, a energia, os computadores, os tablets e o software informático". Também é necessário que haja "eletricidade e uma boa ligação", "bibliotecas virtuais", etc., para que os professores possam ter acesso a estas ferramentas. Dado o custo envolvido, os inquiridos sugeriram "financiar a compra de equipamento de ensino".

"Cada universidade deve pôr as ferramentas à disposição dos professores e formá-los para as utilizarem", afirma James. Esta estratégia foi também proposta por vários professores. Da mesma forma, Saincy considera que "a formação para uma utilização correta das TIC seria uma grande ajuda tanto para os professores como para os alunos". Para Johnny, é necessário "criar uma estrutura responsável pela formação dos utilizadores". A formação tem por objetivo, por um lado, "sensibilizar os professores para a importância das TIC na universidade" e, por outro, "ensinar os professores a utilizar os diferentes equipamentos".

III. Situação atual e percepções dos professores do ensino superior relativamente à integração pedagógica das TIC

O principal objetivo desta investigação foi analisar a perceção que os professores universitários têm da integração da tecnologia no ensino. Embora esta seja uma questão atual, as suas raízes remontam a muitos anos atrás. Procurámos descrever as práticas de ensino dos professores num contexto em que a tecnologia digital é omnipresente, compreender as suas percepções das TIC em termos dos seus benefícios e limitações, e gerar ideias de ação para melhorar a integração das TIC no sistema educativo haitiano.

1. Práticas tecnológicas dos professores

Os resultados mostram que os professores utilizam diferentes graus integração da tecnologia nas suas práticas de ensino, ilustrando uma diversidade abordagens à utilização das TIC. Os professores utilizam as TIC como um meio de aceder a documentos para preparar as aulas. Mas também como uma ferramenta para apresentar as aulas na . De facto, as TIC são mais utilizadas como auxiliares de ensino. Estes resultados estão em consonância com os de outros estudos, como o de Guichon (2012), realizado por questionário a 180 professores de línguas do ensino secundário em França, e o estudo de Roland e Vanmeerhaeghe a 66 professores do ensino superior na Valónia-Bruxelas, na Bélgica, que concluiu que os professores utilizam as TIC sobretudo para enriquecer as aulas com documentos digitais autênticos e para pedir aos alunos que realizem pesquisas.

Do mesmo modo, os resultados mostram que as TIC são utilizadas não só para assegurar a comunicação entre professores e alunos fora da sala de aula, mas também para permitir que os alunos partilhem recursos.

No entanto, não são muitos os professores que utilizam as TIC para avaliar ou ensinar à distância. Somos tentados a explicar esta situação pelo facto de os professores não terem formação em plataformas de ensino à distância e em software de avaliação à distância.

Esta investigação revela também que os professores utilizam cada vez mais as tecnologias móveis, tais como computadores, smartphones, tablets, aplicações móveis e outras. Estas tecnologias estão geralmente muito difundidas em ambientes profissionais porque são móveis e permitem reduzir as restrições de tempo e espaço (Loup et al.).

2. Perceção da utilização das ¡ICT no ensino

Os professores reconhecem que as TIC enormes benefícios, incluindo maior produtividade, maior acessibilidade, maior interatividade, autonomia e envolvimento dos alunos. Também se regista uma melhoria forma como as aulas são preparadas.

Vários estudos confirmam estes contributos, entre os quais Dahmani e Ragni (2009), que sintetizaram uma série de estudos científicos e concluíram que as TIC permitem aos estudantes utilizar melhor o tempo que dedicam ao trabalho estudantil e permitem aos estudantes que estão limitados pelas suas actividades profissionais, localização geográfica ou situação financeira aceder a cursos que não seriam possíveis da forma tradicional. Coutaz (2013, citado em Riyami) observa que as TIC interatividade entre alunos e professores. Para além de melhorar o empenho dos alunos e otimizar a sua autonomia, os alunos estão, assim, envolvidos na sua própria aprendizagem e sentem que têm interesse nela.

Estes contributos percebidos mostram que os professores têm uma visão prática das TIC. Não as vêem como um artefacto que os pode substituir, mas como uma ferramenta ao serviço da sua profissão. No entanto, também apontam limites à integração física e pedagógica das TIC no ensino superior. Os professores citam a falta e a má qualidade/quantidade de equipamento tecnológico como um obstáculo à utilização das TIC. A British Educational Communications and Technology Agency (BECTA), com base numa revisão da literatura, mencionou, tal como os professores do nosso estudo, a falta de equipamento em termos de qualidade e quantidade como um desafio à integração das TIC. A BECTA (2004) afirma que a falta de acesso dos professores aos recursos pode assumir várias formas: falta de equipamento, má organização dos recursos, equipamento de má qualidade, software inadequado, falta de acesso pessoal dos professores.

O problema da falta de competência dos professores para explorar o potencial pedagógico das TIC é frequentemente referido na literatura como um desafio à integração das TIC no ensino (BECTA, 2004; UNESCO, 2023; Guichon, 2012). Os nossos resultados apontam também nesta direção. De facto, a falta de competências foi mencionada como um obstáculo nos comentários dos professores. Neste ponto, a falta de competências combina o fraco conhecimento das TIC por parte dos professores, a sua capacidade limitada para as manusear e a sua falta de formação profissional na utilização das TIC.

Para melhorar a integração das TIC, os professores propuseram várias estratégias. Estas incluem a necessidade de disponibilizar infra-estruturas tecnológicas. Estas infra-estruturas não se limitam às escolas. Trata-se de uma medida nacional, que abrange todo o Haiti. Sobre este ponto, a UNESCO reconhece que a conetividade e a disponibilidade, entre outros aspectos, são importantes para garantir a das TIC no ensino superior. De facto, recomenda que os governos devem "alargar o acesso à Internet de modo a que não só as instituições de ensino superior estejam equipadas com uma boa ligação à Internet, mas também que esta esteja disponível e acessível a uma escala individual" (UNESCO, 2023, p. 117).

Os participantes sublinharam a importância da formação em serviço para garantir que os professores se sintam confortáveis com as ferramentas digitais. Para começar, apelaram à formação para preparar os professores para a utilização das TIC; parece que se trata de uma formação inicial que todas as universidades deveriam proporcionar antes mesmo de os professores começarem a trabalhar. Em seguida, propõem a criação de uma estrutura dentro da universidade para prestar assistência aos professores. Por último, recomendam a realização de acções de formação contínua para manter os professores e os estudantes actualizados. Estas recomendações estão em consonância com as da UNESCO (2023) para assegurar a integração TIC no ensino superior. Recomenda, por exemplo, a formação contínua do pessoal universitário, a sensibilização do pessoal docente, a contratação de especialistas para assegurar a implementação das TIC no ensino e para apoiar os professores, e a exigência de formação em TIC para os estudantes, a fim de incentivar os professores a seguir uma formação complementar para se manterem actualizados (UNESCO, 2023, p. 117).

Conclusão

Em conclusão, esta investigação fornece uma visão geral integração das TIC nas práticas de ensino dos professores universitários. Os resultados mostram que os professores estão habituados a utilizar ferramentas e recursos tecnológicos. Têm acesso a uma grande variedade de TIC, mas estão mais familiarizados com as tecnologias móveis do que com tecnologias recentes como a realidade virtual e a inteligência artificial. Em termos das suas práticas de ensino, utilizam as TIC para preparar as aulas, apoiar a apresentação e comunicar e partilhar recursos com os alunos.

Por outro lado, esta investigação destaca as diferentes percepções professores relativamente à integração das TIC no ensino superior.

Salientam que a integração das TIC no ensino superior melhora a qualidade do ensino, facilitando o acesso aos recursos, tornando os cursos mais interactivos e os alunos mais motivados, empenhados e autónomos na sua aprendizagem. Oferecem mais opções de aprendizagem, nomeadamente ao facilitarem o acesso a programas de formação adaptados aos alunos e aos professores. além de facilitarem a entrada no mundo totalmente conectado.

Apesar desta visão positiva das TIC, os professores referem desafios persistentes, como a falta de formação na utilização pedagógica das TIC, bem como a escassez ou ausência de recursos e a baixa qualidade dos recursos disponíveis. Estes obstáculos, aliados à dependência dos alunos e ao elevado custo das TIC, podem limitar ou mesmo bioquerer a utilização de ferramentas tecnológicas nas suas práticas de ensino. Por conseguinte, para que a integração das TIC seja bem sucedida, devem ser adoptadas iniciativas que facilitem a implementação de recursos e equipamentos tecnológicos em todo o país e nos estabelecimentos de ensino. Recomenda-se igualmente a formação para a utilização das tecnologias na educação. Por último, é essencial um plano estratégico para a integração das TIC.

Os resultados deste estudo podem ser utilizados como base para o desenvolvimento de estratégias para reforçar a integração das TIC no sistema educativo haitiano, tendo em conta as necessidades e expectativas dos professores.

Bibliografia

1 . Bice, Matthew R., et al. Teaching at a distance: faculty initiatives during the pandemic. Revista Internacional de Tecnologias na Educação Universitária, vol. 17, n.º 2, 2020, pp. 97-103. DOI.org (Crossref), https://doi.org/10.18162/ritpu-2020-v17n2-10.

2 . Bourgault, Patricia, et al. Le devis mixte en sciences infirmières ou quand une question de recherche appelle des stratégies qualitatives et quantitatives". Recherche en soins infirmiers, vol. 103, no 4, 2010, p. 20-28. Cairn.info, https://doi.org/10.3917/rsi.103.0020 .

3 . Agência Britânica de Comunicações e Tecnologias Educativas. Revisão da literatura de investigação sobre os obstáculos à adoção das TIC pelos professores. 2004, p. 29,
https://dera.ioe .ac .uk/id/eprint/1603/1/becta_2004_barrierstouptake_litrev. pdf.

4 . Dahmani, Mounir, e Ludovic Ragni. "O impacto das tecnologias da informação e da comunicação no desempenho dos alunos". Réseaux, vol. 155, no. 3, 2009, p. 81-110. Cairn.info,
https://doi.org/10.3917/res.155.0081.

5 . Dounla, Michel Fayole, "WhatsApp et continuità pédagogique à l'ère de la COVID 19: l'exemple de l'Université internationale Jean-Paul II et de l'Institut universitarie royal de Baboutcha-Nintcheu (Cameroun)". Revue internationale des technologies en pédagogie universitarie, voi. 19, no 2, 2022, p. 61-73. DOI.org (Crossref), https://doi.org/10.18162/ritpu-2022- v19n2-05 .

6   . El Kartouti, Salah Eddine, e Sarah Juidette. "O impacto da utilização das TIC na educação para melhorar a aprendizagem das crianças em idade escolar e as consequências para o ambiente". SHS Web of Conferences, editado por S. Bourekkadi et al, voi. 175, 2023, p. 01015. DOI.org (Crossref), https://doi.org/10.1051/shsconf/202317501015 .

7   . França, Pierre A. N. Etzer. As TIC e a formação de professores do ensino primário no Haiti: barreiras e factores facilitadores. 2011. Université de Montréal.

8   . Guichon, Nicolas. Para a integração das TIC no ensino das línguas.   Didier FLE, 2012. DOI.org   (Crossref), https://doi.org/10.14375/NP.9782278072125.

9   . Karsenti, Thierry. "Le modéle ASPID : modéliser le processus d'adoption et d'intégration pédagogique des technologies en contexte éducatif". Formation et profession, vol. 21, no 1, 2013, p. 74-75.

10 .-. " Le numérique et l'enseignement au temps de la COVID-19 : entre défis et perspectives - Partie 1". Revista Internacional de Tecnologias na Educação Universitária, vol. 17, n.º 2, 2020, pp. 1-4. DOI.org (Crossref), https://doi.org/10.18162/ritpu-2020-v17n2-01 .

H.Lefebvre, Sónia, e Hélène Fournier. "Utilisations personnelles, professionnelles et pédagogiques des TIC par de futurs enseignants et des enseignants". Revue internationale des technologies en pédagogie universitaire, vol. 11, no. 2, 2014, p. 38. DOI.org (Crossref), https://doi.org/10.7202/1035634ar .

12 Levy, Alain. "SAMR, un modéle à suivre pour développer le numérique éducatif". Technologie, n.º 206, janeiro de 2017, p. 8-13.

13 Loup,   Pierre, e   al.   "O papel   das   tecnologias nómadas.   As relações
competências interpessoais em equipas de vendas". Gestão da Tecnologia Organizacional, vol. 7, n.º 2, 2017, pp. 137-51.

14 Marton, Philippe. "As tecnologias da informação e da comunicação e o seu futuro na educação". Education et francophonie, vol. 27, no 2,   1999, p.   1. DOI.org (Crossref), https://doi.org/10.7202/1080489ar.

15 Mastafi, Mohammed. Definições e aceitação das TIC(E). L'Harmattan, 2016. hal-amu.archives-ouvertes.fr, https://hal-amu.archives-ouvertes.fr/hal-02048883.

16 Ministério do Planeamento e da Cooperação Externa. Estratégico de Desenvolvimento do Haiti: País Emergente 2030. 2012.

17 Ministério da Educação Nacional e da Formação Profissional. Despacho ministerial que cria a Unidade de Tecnologia Educativa do MENFP. 2016.

18 .-. A estratégia de ação nacional de educação para todos. 2007.

19 .-. Plano Operacional 2010-2015. Biblioteca Nacional, 2011.

20 .-. Política nacional para a educação não formal no Haiti. 2019.

21 .-. Política nacional de formação de professores e pessoal de supervisão. 2018.

22 Organização das Nações Unidas para a Educação, a Ciência e a Cultura. Quadro de Competências em TIC da UNESCO para Professores. 3ª ed., UNESCO, 2018.

23 Riyami, Bouchaib. Análise dos efeitos das TIC no ensino superior em Marrocos num contexto de formação em colaboração com uma universidade francesa. 2018. Universidade do Sul da Bretanha, Estes. HAL.

24 Roland, Nicolas, e Sophie Vanmeerhaeghe. "Os formadores de professores face aos ambientes pessoais de aprendizagem dos seus alunos: representações e acompanhamento". Revue internationale de pédagogie de l'enseignement supérieur, voi. 32, no 1, 2016, p. 1-20.

25 UNESCO. Recomendações para a integração das TIC nas políticas de educação. UNESCO, 2023, https://unesdoc.unesco.Org/ark:/48223/pf0000386039/PDF/386039fre.pdf. multi.

Sr. Bertrand DESTINE
Dr. Philippe SIMON

Qualidade serviços bancários no Haiti: O impacto da digitalização no desempenho das PME em Jacmel
Qualidade dos serviços bancários no Haiti: efeito da digitalização no desempenho das PME em Jacmel

Resumo

Em princípio, o desempenho das empresas é determinado por uma multiplicidade de factores. Um deles é a qualidade dos serviços oferecidos pelos bancos comerciais. Neste estudo, determinar o efeito da banca digital no desempenho das PMEs em Jacmel, num contexto marcado pela escassez de crédito e disfunções ligadas aos pagamentos. Para o efeito, realizámos um inquérito a 118 PME da cidade. Com base nos dados recolhidos, estimámos dois modelos de regressão múltipla que descrevem a relação entre as variáveis estudadas. Os nossos resultados mostram que a digitalização bancária tem um efeito positivo e significativo no volume de negócios, enquanto o efeito no tríptico qualidade-custo-tempo de entrega dos bens ou serviços fornecidos pelas PME é positivo, mas não significativo. As vendas e o tríptico qualidade-custo-tempo de entrega dos produtos das PME são os principais indicadores para medir este desempenho.

Palavras-chave: Qualidade, Banca, Desempenho, PME, Digitalização.

Dr. Christophe PROVIDENCE
Escolha pública e adoção de dinheiro móvel para inclusão financeira no Haiti
Escolhas públicas e adoção de dinheiro móvel para inclusão financeira no Haiti
Resumo
A adoção do dinheiro móvel (MM) tornou-se uma alavanca fundamental para a inclusão financeira nos países em desenvolvimento. Este documento examina os determinantes da adoção do dinheiro móvel no Haiti e o seu impacto nas populações não bancarizadas. Os resultados sugerem que o dinheiro móvel pode ajudar a reduzir a desigualdade financeira, mas que continuam a existir desafios, particularmente em termos de infra-estruturas e educação digital. Uma análise da adoção do dinheiro móvel no Haiti, utilizando a teoria das escolhas públicas incompatíveis, proposta por Christophe Providence, realça as tensões entre as prioridades dos vários intervenientes e as necessidades da população. Ultrapassando estas diferenças através de uma melhor coordenação, regulamentação adequada e investimento direcionado, é possível maximizar o potencial do dinheiro móvel para promover a inclusão financeira no país.
Palavras-chave: Inclusão financeira, Dinheiro móvel, Escolhas públicas incompatíveis, Desenvolvimento sustentável, Haiti

Sr. Jerry Rood LUBIN
Dr. Christophe PROVIDENCE
Uma abordagem imbricada para avaliar a eficácia dos sistemas de informação sobre saúde em Carrefour, Haiti
Uma abordagem de nidificação para avaliar a eficácia da informação sobre saúde Sistemas em Carrefour, Haiti

Resumo

Este estudo utiliza a teoria do entrelaçamento de Christophe Providence para analisar a eficácia dos Sistemas de Informação Sanitária (SIS) no município de Carrefour, Haiti. Através de uma exploração das interações entre as dimensões técnica, social e organizacional, identifica os obstáculos à gestão dos registos médicos electrónicos (EMR) e propõe soluções integradas. O quadro jurídico para a proteção dos dados médicos foi examinado para identificar lacunas na regulamentação em vigor, enquanto as estratégias de salvaguarda e de continuidade em caso de incidentes foram destacadas como cruciais para a sustentabilidade dos serviços. Os resultados revelam uma fragmentação significativa dos dados e desafios relacionados com a interoperabilidade, as infra-estruturas e a formação. Utilizando uma metodologia inspirada na teoria da aninhagem, esta investigação oferece recomendações estratégicas para alinhar as práticas locais com as normas internacionais.

Palavras-chave: sistema de informação de saúde, registos médicos electrónicos, gestão de dados electrónicos, proteção de dados médicos, teoria do agrupamento

Rachelle CHARLES
Dr. Jean Rony GUSTAVE

As TIC no ensino superior: impacto do fosso digital no desempenho académico
As TIC no ensino superior: impacto do fosso digital no desempenho académico

Resumo

Desde a sua integração no ensino superior, as tecnologias da informação e da comunicação (TIC) têm vindo a transformar as práticas de ensino, os processos administrativos e a experiência universitária em geral. No entanto, os desafios associados à fratura digital tendem a minar estes impactos, evidenciando desigualdades no acesso e na utilização das ferramentas digitais. Utilizando uma abordagem de recolha de dados que combina análise exploratória e quantitativa, este estudo analisa a utilização de ferramentas digitais no ensino e na gestão e a sua influência real nos resultados académicos dos estudantes. Os resultados mostram que o impacto da tecnologia digital na aprendizagem é multidimensional. Para além da sua utilização, é necessário ter em conta outros factores, nomeadamente as caraterísticas sociodemográficas, as condições de vida, as actividades profissionais, a escolaridade anterior, os métodos de aprendizagem e os contextos de estudo.

Palavras-chave: Inclusão digital, Ensino superior, Fosso digital, Governação digital, Política digital, Competências digitais

Sr. Anderson TURIN

Dr. Léonard COLIN

As TIC no ensino superior: uma panorâmica das práticas e percepções dos professores do ensino superior no Haiti

As TIC no ensino superior: inventário das práticas e percepções dos professores do ensino superior no Haiti

Resumo

Este artigo centra-se na integração Tecnologias de Informação e Comunicação (TIC) no ensino universitário. Apresenta os resultados de um estudo de métodos mistos realizado no Haiti, com o objetivo de compreender as percepções dos professores. O estudo explora as suas práticas pedagógicas, os benefícios e obstáculos percebidos da integração das TIC e as recomendações para promover a adoção efectiva destas tecnologias. Realizámos um inquérito de campo em duas fases, utilizando questionários: uma fase quantitativa com 38 professores universitários e uma fase qualitativa com 11 professores universitários.

Palavras-chave: TIC, perceção, integração, integração pedagógica, práticas pedagógicas, ensino superior, universidade

Printed by Books on Demand GmbH, Norderstedt / Germany